大是文化

人類最精華
100年

最多產的歷史學者、美國軍事史學會終身成就獎得主
傑洛米‧布萊克 Jeremy Black ——著
謝慈 ——譯

A History of the 20th Century
Conflict, Technology & Rock'n'Roll

戰爭、科技、搖滾樂
如何決定了人類思想與行為，
未來將朝哪發展，看20世紀史
你會理解。

Contents

推薦序一
沒有絕對答案的時代，
點燃了 21 世紀

「Special 教師獎」得主／吳宜蓉

如果要你挑選一個詞語來形容 20 世紀，你會挑什麼呢？

有人說：「惡夢。」

是啊，從第一次世界大戰到第二次世界大戰，再到冷戰期間的區域性戰爭。我們經歷了一場又一場讓人絕望的戰事、瘋狂的殺戮，甚至還迎來了工業化的大屠殺。這過程中，人類不斷更新科技，發明更有效率的破壞殺伐。

20 世紀，某個層面上是一個充滿恐懼，與拚命製造足以自我毀滅的武器的時代。

然而，也有人說是：「創造。」

20 世紀同樣也是人類文明大爆發的時代，這 100 年來，人類的發明創造比前五個世紀的總和還要多。相對論、登陸月球、電腦與網際網路、廣播與電視、飛機、複製羊技術、器官移植、人工智慧……。

20 世紀，在另一個層面上也是加速更新、大幅翻修人類生活樣貌的時代。

太多衝突災難帶來的遺憾與苦痛，摧毀了許多人的生存信念，讓 20 世紀始終有著揮之不去的末日感。見識過原子彈的輻射能閃光後，誰還敢再樂觀相信人類的理性之光能照亮下一個時代？即使躲過了戰爭與種族滅絕的浩劫，但我們對人性的自信，仍舊被毀滅了。

　　科技的飛速進步，雖然無法解決人類的自我懷疑與精神困惑，卻也明顯的改善人類的物質生活，高度發展的技術與豐厚的財富累積，讓我們走向了消費社會，成為另一種穩定社會發展的力量。

　　在絕望中找尋希望，在希望中又跌進絕望；在無助裡挖掘力量，在力量中又窺見自身的無能為力；在幽暗裡渴求光明，在光明下卻照見了荒謬的存在。20 世紀是一個看不見絕對真理的世紀。

　　美國哲學家路德・賓克利（Luther J. Binkley）就曾說：「20 世紀堪稱是一個相對主義的世紀，不同的文化信奉著截然不同的價值。」20 世紀特別的喧囂吵鬧。各種文化、各種觀念的共處交融，碰撞決裂。我們也在一片雜沓中，看見了沒有什麼是不可能的。

　　目前在 21 世紀的我們，面對世紀疫情，也依然承襲著 20 世紀的本質，每一天世界都有著嶄新的發展，每過 24 小時都可能有著顛覆性的變化。在加速時代下生活，面對日復一日劇烈的演化，許多人可能感到無所適從。

　　這時候我們更需要認識 20 世紀史。如果能理解這「人類最精華 100 年」間的苦難與進步，人們如何在其中掙扎、思考、宣洩、批判的曲折歷程，我們更有機會讓自己在一個沒有絕對答案的時代，保持意志敏銳的清醒。

　　如果我們能更明白這世界的多面性，就更有能耐正視令人失望的真實，並足以帶著力量在一片不確定中，持續拓墾信念。

推薦序二
從一把遠古的手斧到人類世

人文歷史作者／胡芷嫣

　　這事想來很不可思議：遠古直立人曾經製作一種叫做阿舍利手斧的器具，孜孜不倦的做了超過 150 萬年。

　　那些可敬的人類祖先，手邊拿到一個石塊，或許就蹲坐在地上，極有耐心的將石塊敲打成雙面對稱鼓起的半橢圓形，然後再沿著周邊，慢慢打磨出銳利的邊緣。阿舍利手斧的外觀就像一滴鋒利的眼淚，出土範圍橫跨非洲、歐洲、亞洲，大小從一個手掌大到 30 公分都有。

　　是為了割開獸皮？抑或只是閒暇樂趣？祖先們到底拿這種手斧來做什麼，我們至今仍不是很確定；我們只知道，從法國亞眠到韓國全古里，他們日復一日，安靜堅持的，製作著這個具體用途為謎的東西。

　　換句話說，阿舍利手斧陪伴了直立人超過 150 萬年。這事想來仍然很不可思議。然而現在的人們，每年都能看見手機推出新機種，每隔 3 到 5 年就覺得自己該換新工作。

　　過去 30 年間的科技進步發展，已經超越人類有史以來的幅度，而且腳步仍持續加快。當代世界推陳出新之神速、之令人措手不及，在 20 世紀的歷史發展中，完全展露無遺──從帝國主義崩解到新地緣政治崛起，從廣播電視等傳播技術萌芽到假新聞戰爭攻防，從自動化生產線出現到消費主義拜物至上──短短的百年間，人造（man-made）技術取得歷史舞臺中心，推動世界瘋狂前進。

　　而現在我們終於知道，「前進是發展唯一方向」此等現代進步觀

點，已經對周遭環境、對我們身心，造成無可逆轉的傷害。眼下（特別是在 Covid-19 疫情席捲的此刻），我們最需要的其實是停下來，停下來看看，看看因工業煙囪而黯淡蒙塵的天空、看看因過度製造消費而中毒的生態。

當這百年人類活動已影響深鉅到成為一個地質年代，學者用「人類世」（anthropocene）一詞提醒我們，海洋、土壤、動物、細菌……它們從來都不僅僅是人類活動的背景，它們和我們一樣，在直立人先祖製作手斧的百萬年前，甚至更早，就一直是這星球的共同居民。

唯有當一個時代、一種精神行將終結，我們才有立足點回望，做出暫時結論；而 20 世紀剛剛過去 20 年，我們就獲得一本總結這世紀的書，恰恰印證了該世紀為人類帶來的匆忙時間感。

本書以大事記體裁，將萬千變幻的 100 年歷史濃縮在 300 多頁篇幅，難免會有材料選擇上的局限（例如我個人希望納進更多性少數的視野），許多重要事件自然也只能點到為止；不過本書扼要易讀，很適合作為 20 世紀歷史大事的參考詞彙表（glossary）。或許活在 21 世紀的我們，用一個下午翻閱完本書，了解周遭世界在過去百年形成的脈絡梗概之後，能知道如何走出和上個世紀不一樣的路。

前言
20 世紀，
人類最精華 100 年

　　和先前的任何時代相比，20 世紀人口達到史無前例的新高，而他們所經歷的時代更是前所未見，對如今世界的樣貌有著深遠影響。這些新事物所帶來的衝擊，在近代格外顯著。

　　現今大部分的物質文化，無論是飛行器或電腦，都可以追溯回 20 世紀；大部分的現代國家也都在 20 世紀建立，大多數政治黨派亦然。20 世紀在人類歷史中，是充滿最多改變的時代，而這些改變也會是這本書的主要焦點。然而，這不代表我們會忽略延續不變的事物。

　　舉例來說，宗教早在 20 世紀前就已出現，至今仍是影響社會的重大因素。宗教對 20 世紀的影響自然不會在本書中缺席。同樣的道理也套用在其他重要的持續性事物上，例如說環境。

　　對某些人來說，20 世紀是人類進入嶄新歷史時代的時刻，又稱為「人類紀」（Anthropocene）。在這個世代中，許多無法逆轉的現象都漸漸浮上檯面，例如全球暖化和氣候變遷。然而對另一群人來說，這些擔憂只是過度誇大，甚至是某種陰謀論。無論如何，從 1960 年代開始，許多環境問題都已浮現，並且在這本書中扮演了重要的角色。

　　另一項在此世紀出現變化的要素，則是人口爆炸性成長及都市化所帶來的影響。1900 年的 16 億人口在 1927 年變成 20 億，1950 年變成 25.5 億，1960 年變成 30 億，1975 年變成 40 億，1987 年變成 50 億，到了 1999 年則變 60 億……。

　　這樣的人口成長，以及人口成長發生的地點，確實對環境造成了沉重的負擔，並且持續造成許多社會問題。伴隨人口成長的都市化程度，也在這時達到歷史新高，對於社會、經濟、政治、和文化層面都有著相當程度的重要性。

　　都市化發生在世界各地，許多「巨型都市」因而出現，例如伊斯

即便日本郊區人口大幅下滑，世界第三大經濟體的首都東京仍舊人潮擁擠。

▲印度是世界最大的民主國家，成功達到和平的政權轉移，並透過聯邦體系確保複雜的政黨系統順利運作。

坦堡、金夏沙（剛果首都）、拉哥斯、馬尼拉、孟買和東京。

除此之外，人口數超過百萬的城市數量也快速上升。某部分來說，**都市化反映了農業機械化和鄉村的缺乏機會；也伴隨著政治和社會順從的式微**。這背後的因素有許多，包含了義務教育擴展所帶來的識字率提升。

大規模人口成長也使生活品質大幅提升。在以前的任何時期，我們都不曾看過國內生產毛額（GDP）在一個世紀內翻倍，然而在 20 世紀，這發生了超過 4 次。

雖然國內生產毛額成長在地理和社會層面都分布不均，但成長依舊是成長，它支持了各種人類活動，不論是個人層面、團體或政府皆然，例如可以食用更多肉類、建造教會和發動戰爭。

「時間」也是個重要的議題。有太多對 20 世紀的探討都只聚焦在

兩次世界大戰和戰間期，但這都結束於 1945 年。相對的，我們也應該重視二戰後的時期，畢竟其占了整個世紀超過一半的時間，並對現今國際情勢有顯著影響。

除此之外，**世界大部分的國家也在這段期間獨立。**因此，在 20 世紀下半葉，世界的舞臺多了許多獨立「玩家」，而**歷史的論述也不再只是帝國的興衰**而已。

最後的問題是「地點」。**20 世紀可以說是整個世界互動的開始**，使「全球化」一詞越來越廣泛使用。誠然，此世紀的重大衝突被稱為「世界大戰」，其實也不意外了。其他政治發展，例如去殖民化和冷戰，同樣也造成了全球性的影響。

於此同時，移民、貿易和金錢流動也越來越國際化。其他如民主化等趨勢縱然未遍及全球，亦可說是影響廣泛。

20 世紀的美國除了引領趨勢外，在文化、經濟、政治和軍事方面都成為世界大多數國家的模範，它也是最成功的帝國主義國家，雖然不像英國和法國那樣拓展領土，卻透過非正式的方法發揮了可觀的力量和影響力。

隨著時間進展，蘇聯在 1990 年代解體，美國的力量日益提升，成了全球的關鍵強權。因此，我們會特別關注美國本身，以及其對 20 世紀重大事件的影響。

關於 20 世紀許多不同的論述，興許在本書中遺漏。然而，種種事件和觀點的互動，才促成了令人振奮的發展，或許一度充滿爭議和變革，最終也編織成了影響人類歷史最大的 100 年。

▲印度的經濟中心孟買（Mumbai），舊稱「Bombay」，展現了印度壁壘分明的社會階層。

這艘充飽氣的飛船是由德國的斐迪南・馮・齊柏林（Ferdinand von Zeppelin）伯爵，從 1899 年起開始構思與設計。1908 年，齊柏林的 LZ-4 飛船，在 12 小時內飛行超過 240 英里。

第一章

舊秩序

1900–1914

　　1900 年時，沒有人想得到 20 年後就將迎來「舊秩序」的終結，無論在中國、歐洲、墨西哥或中東地區皆是如此。同時，人們也產生一種強烈的感覺：新的世紀將帶來許多機會和問題。然而，不同的社會、宗教和政治團體間的感受，或許有著天壤之別。

西方世界觀
向外擴張是必要手段

新世紀的第一年，人們也開始用新的眼光檢視世界，隨著全球化程度提高，價值觀也逐漸發生變化。西方觀點躍升主流，而**許多西方人也將自身的影響力和控制視為理所當然**——

對他們來說，這似乎是相當正常且必要的。舉例來說，**這樣的心態影響了對於帝國主義的態度**。然而，當今日我們試圖理解 20 世紀的歷史時，也應當用更寬廣的角度來思考。

1912 年，美國國會終於同意本初子午線不該是 1850 年所決定的華盛頓海軍天文臺，而是遵從英國在 1884 年

▲西伯利亞鐵路興建於 1891–1917 年間，總長 9,288 公里，從莫斯克延伸至海參崴，為俄羅斯與遠東之間提供了關鍵的地理連結。

國際本初子午線會議，所訂定的「格林威治換日線」。

這成了計算時間的原點子午線，也是零度經線，自此又朝國際標準而非國內標準更邁進了一步。然而，這裡的「**國際**」指的是「**西方**」，也就是為什麼標準恰如其分的由英國所制定——英國在西方和整個世界扮演領導的地位，也是疆界最廣闊的國家。

隨著海運和路運的快速發展，這樣的標準也日益重要，尤其是對於時間計算、地圖繪製和國際電報系統的影響。

地圖繪製對於國界劃分、帝國拓展開發也同樣至關重要。舉例來說，當英屬烏干達和比利時的剛果殖民地在劃分界線時，英國殖民地部於 1906 年向外交事務部建議，由英國邊界官員延著格林威治線東方的直線進行三角測量——這對國際來說是件大事。

地緣政治學：歐亞「心臟地帶」

倫敦經濟學院的教授哈爾福德‧麥金德（Halford Mackinder），在 1904 年的課程「歷史的地理樞紐」中，提出了歐亞「心臟地帶」的概念，作為地緣政治這門學問的中心。

對麥金德來說，西伯利亞鐵路等路線連結了歐亞心臟地帶，除了促進商業出口，也展現了軍事力量——俄國和德國是心臟地帶競爭的關鍵勢力，可謂歷史的「樞紐」，他認為其他勢力都在抗拒心臟地帶的擴張，其中值得注意的是英國，同時也包含了其主要殖民地印度，以及英國自 1902 年以來的盟友日本。

然而，當時有名年輕的英國記者（後來成為政治家）李奧‧艾默里（Leo Amery），認為空軍才是能改變整個世界情勢的重點（當時空軍才剛因為萊特兄弟的發明而有所發展）：

這些地理因素，有許多會失去重要性，擁有強大工業基礎的勢力，才能取得成功——重點不在於這個勢力位於大陸中心或海島。擁有工業實力、發明創造能力和科學實力的人，才能在競爭中脫穎而出。

這兩個觀點間的衝突，將對這個世紀的國際政治情勢至關緊要。

環境決定論（environmental deter-minism）在早期 20 世紀的「國家有機論」[1]，以及由自然與社會相互作用，所形成的特定民族、國家文化中發揮了相當重要的影響。德國地理學家費德里奇‧拉采爾（Friedrich Ratzel）和瑞典政治學家魯道夫‧契倫（Rudolf Kjellén）後來把這一概念整合為「地緣政治」。

在《地球與生命》（*Die Erde und das Leben*）一書中，強烈擁護德國擴張主義的拉采爾聚焦於空間層面的競爭，並用「生存空間」（Lebensraum）[2] 的概念合理化其行為，而後更影響了德國在 1920 年代和納粹時期（1933-1945）對於東歐的看法。

法國的地理學家維達爾‧白蘭士（Paul Vidal de la Blache）也在《法國地理概述》（*Tableau de la Géographie de la France*）中回應了拉采爾的論點，認為環境乃是為人類發展「提供情境」，而非決定了人類的發展。

另一位法國歷史學家呂西安‧費夫爾（Lucien Febvre）將白蘭士的主張進一步發展，支持環境「可能論」而非「決定論」。這場關於環境決定論性質的辯論，對於解釋環境重要性的許多分歧具有重要意義，至今依然如此，它影響的不只是少數學者，也可能是某個群體、甚至是國家。

---

[1] 編按：把人類社會和國家當作一個有機（生物）體，每個階級都行使社會所必需的一定職能。

[2] 編按：如同生物一樣，國家也需要一定的生存空間；一個健全的國家，透過擴張領土來增加生存空間是必然的現象。

范德格林氏投影，世界最初的樣貌

　　1898 年阿爾馮思‧范德格林（Alphons J. van der Grinten）提出了范德格林氏投影，於 1904 年取得專利，在 1922–1988 年間，都是美國國家地理學會（America's National Geographic Society，當時製圖標準的領航者）出版的世界地圖之基礎。這種投影方式將整個地球疊合為一個圓形，是 1569 年以來麥卡托投影世界地圖的改良版，延續了熟悉的形狀，但是過度放大了溫帶地區的面積對熱帶地區的比例。

　　1988 年，國家地理學會採用了羅賓森投影法，修正了熱帶地區的面積。羅賓森投影法於 1963 年提出，設計目的是降低先前地圖在面積比例的失準。然而不久之後，范德格林氏投影和羅賓森投影，都會受到彼德斯投影法的挑戰（參見第七章）。

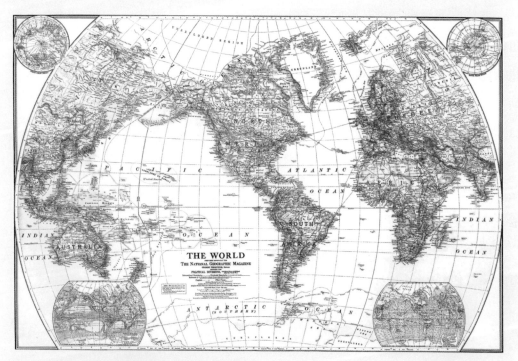

▲范德格林氏投影，主要強調北半球的溫帶地區。

▍帝國主義
與生俱來的「民族使命」

　　在被西方帝國征服之前，許多地區的國家和經濟可能是非常活躍的。舉例來說，位於現今奈及利亞北部的索科托哈里發國大都市卡諾（Kano），在 1900 年時擁有大約 10 萬人口，一半以上是奴隸。卡諾是農業和工業的中心，主要生產皮革及紡織品，出口到撒哈拉以南的薩赫爾地帶（Sahel belt）和北非地區。

　　這些商業活動都立基於奴隸勞動，而根據伊斯蘭社會長久以來的傳統，連軍隊也來自奴工，並且會在侵略行動中得到更多人力。類似的模式在其他薩赫爾地帶的工業城市同樣可見。

　　1900 年，英國在奈及利亞北部建立保護國，而持續至 1902 年的奴隸掠奪，則成了英國攻打索科托哈里發國的主因。1903 年，索科托哈里發國在布爾米（Burmi）戰敗，哈里發[3] 及其二子喪命。奈及利亞北部對英國的抗爭至此結束，而英國也採取措施關照

------

[3] 編按：伊斯蘭宗教及世俗最高統治者的稱號。

▲索科托哈里發國建立於 1820 年，統治今日的奈及利亞北部地區，被西方評論家染上了異國、奇異的色
彩。索科托哈里發國是除了阿比西尼亞以外，最後一個撒哈拉以南地區的獨立大國，在 1903 年被英國
征服。而阿比西尼亞力抗義大利的入侵，最終在 1935–1936 年間滅亡。

當地穆斯林的權益。

在 1880 和 1890 年代，除了對海域的掌控，世界大多數的陸地也被西歐強權征服，尤其是在非洲地區。這個過程持續到 1900–1913 年間，法國在 1912 年控制了大部分的摩洛哥，而義大利也於同年占領了利比亞的海岸地區。

▲英國在 1904 年成功探索拉薩，這是其在亞洲「大博奕」⁴的一步，也是英國在印度軍力的展現，同時影響了尼泊爾、不丹、緬甸、阿富汗和波斯（伊朗）。

帝國年代事記

1898	美國併吞菲律賓
1899–1902	第二次波耳戰爭
1900	東加（Tonga）成為英國保護國
1903	索科托哈里發國滅亡
1904	英國部隊進入拉薩
1904–1907	非洲的赫雷羅族（Herero）和納馬族（Nama）人在對抗德國統治的起義中遭屠殺
1907	英俄協定劃分了兩國在波斯、阿富汗和西藏的勢力
1909	法國占領瓦達伊蘇丹國首都阿貝希（Abéché），建立在查德的勢力
1911	義大利占領利比亞沿岸
1911–1912	俄國在蒙古建立保護國

⁴ 編按：The Great Game，指大英帝國與俄羅斯帝國爭奪中亞控制之戰略衝突。

這兩個區域在此之前都未曾受歐洲占領——聖約翰騎士團於 1551 年時在利比亞首都的黎波里（Tripoli）被驅逐，1578 年葡萄牙人也在摩洛哥慘敗。

帝國的擴張現象也發生在其他地區，例如 1904 年，英國的軍隊進入西藏首都拉薩；而 1911–1912 年，俄國在蒙古建立保護國，取代了中國的勢力。帝國的力量也在太平洋地區拓展；荷蘭從爪哇的既有基地出發，武力征

▲法國對查德的征服，在 1900 年的庫賽里戰役（Battle of Kousséri）後便大勢已定，雙方的指揮官都戰死沙場，防守方更是損失慘痛。法軍繼續邁進，征服了整個區域。

服現今的印尼，並命名為荷屬東印度群島。

同時，太平洋的小島也在強國之間分配，主要是英國、德國、法國，和逐漸強勢的美國。大國會為島嶼重新命名，例如新喀里多尼亞群島（法國殖民）或新赫布里底群島（英、法共同管理）。1900 年，東加群島成為英國的保護國。

歐美等西方地區，政府和大眾對於帝國在遠方擴張的興趣和重視，都遠勝於前一個世紀。有部分的原因是西方諸國間的競爭，另一部分則是對帝國擴張和種族地位的樂觀態度，特別是**某些國家表現出與生俱來的民族使命**。這樣的概念逐漸在政治界和知識分子間引領潮流。

對於國家擴張的重視，還有一部分是基於**原料和市場的經濟壓力**。然而，機會時常只是期待而非現實，就像英國曾對建設開普敦至開羅的鐵路寄予厚望，結果卻不如預期。

隨著國際貿易的貨品種類和總量提升，經濟壓力也越來越沉重。商品大量生產背後的國際關係，與供給和市場息息相關，而帝國的擴張、偏好和禁令，將會切斷其他國家的供給、市場和貿易路線。這樣的過程和相關的憂慮，大幅促成了帝國間競爭的氣氛和現實。

征服薩哈拉

法國對薩哈拉和鄰近地區的征服，展現了他們在非洲內陸作戰的能力，領導查德抗法勢力的，是人稱「黑色蘇丹」的拉比赫‧祖拜爾（Rabih az-Zubayr）。

1900 年，法國從阿爾及利亞、剛果和尼日集結軍力，將祖拜爾的部隊圍困於查德湖南邊的庫賽里，他在戰敗後也遭法軍所殺。以上或許只會出現在歷史書的註腳中，但對於時至 1960 年仍屬於法國殖民地的查德來說，這卻是天翻地覆的改變。誠然，非洲幾乎在主流的歷史上都鮮少（或不曾）被提及，這是個嚴重的問題。

阿哈加爾高原地帶的遊牧民族，圖阿雷格（Tuareg）人在 1905 年的投降，象徵著薩哈拉地區的「有效抵抗」已經結束，但法國的進一步統治卻還是免不了軍事行動。

1909 年，查德東部的瓦達伊蘇丹國首都阿貝歇被法軍占領，馬撒利特（Massalit）的首都德里傑利（Drijdjeli）則在 1910 年淪陷。為了穩固在蘇丹和東非的地位，英國也持續向非洲內陸進軍遠征。

帝國需要殖民地的支援

當然，西方殖民帝國最終都消失了，這也使人們相信，無論如何帝國主義終將注定失敗，除了其本質的脆弱之外，也不合時宜。而與這息息相關的，是**無法發現並善用當地可能對帝國帶來的支援**。

殖民地的協助在軍事方面至關重要，部分是因為從後勤、環境和財務的層面來說，西方國家都很難在海外派駐大量本國軍隊——特別是有時也需要軍隊防範臨近的敵人。

因此，帝國必須在當地徵集人力，才能繼續前進或鞏固防守，例如英國在印度洋地區徵用印度軍隊，法國在西非招募塞內加爾人民，義大利在東非則調派厄利垂亞（Eritrea）士兵。

不過，殖民地與帝國之間的關係，也不全然是武力逼迫。在印度，當地的菁英、貴族也會被納入統治階層，例如羅闍（Raja）[5] 會協助治理英屬印度和其人民。

帝國的統治一般來說會包含服從

和強迫，而印度的狀況也反映了被殖民者與殖民者間的長期關係。英國在馬來亞（Malaya）[6] 和奈及利亞北部也都使用了同樣的策略。這樣的合作模式在商業貿易上也同樣常見；在波斯灣和東非，英國就因為與印度人的聯盟而受益。

隨著西方人成為聯盟中強勢的一方，合作的本質和條件都跟著改變，但他們通常不會顛覆既有的傳統和運作方式，也不會捨棄熟悉的觀點。

[5] 編按：南亞、東南亞以及印度等地對於國王或土邦君主、酋長的稱呼。

[6] 編按：1957 年脫離英國獨立，並在 1963 年和沙巴、砂拉越與新加坡合組馬來西亞聯邦。

▲亨德里克・維特博伊（Hendrik Witbooi）是柯伊桑部落（Khowesin）的酋長，在 1893 年對抗德國入侵，1894 年投降，又於 1904 年再次反抗。最後在 1905 年對抗德國的戰鬥中喪命。

建立身分認同，加強統治權

〈大英帝國的哨兵（英國雄獅及其強壯子嗣）〉（*Sentinels of the British Empire（The British Lion and his Sturdy Cubs）*）是英國畫家威廉・斯特魯特（William Strutt）1901 年的畫作，恰好與六個澳洲殖民地共同建立澳大利亞聯邦（Commonwealth of Australia）同年。畫作描繪的是澳洲與英國的理想關係——精神抖擻的雄獅被眾多健壯子嗣所圍繞。對於大英帝國在波耳戰爭的熱烈支持就反映了這個理想。建立獨立的身分認同也恰好與強烈的「英國感」同時出現，澳洲就是個好例子。

國族意識激起反抗情緒

隨著帝國的崛起，與之相對應的就是逐漸升溫的反抗。面對帝國的擴張，出現許多反對勢力，波耳人（Boers）[7]就是個例子。他們以川斯瓦省（Transvaal）和奧蘭治自由邦（Orange Free State）為根據地，在非洲南部對抗英國，史稱波耳戰爭。

當美國在 1898 年從戰敗的西班牙人手中接管菲律賓時，菲律賓民族主義者也對美國發起游擊戰。然而，就跟 1900 年中國對抗西方的義和團之亂一樣，波耳人和菲律賓人也都戰敗。

義和團起義於 1897 年，目標是對抗西方帝國帶來的羞辱和壓迫。他們先殺害了許多基督徒，接著包圍了外國在北京的使館。最終，國際的聯軍成功解圍，義和團的刀和槍終究不是火砲的對手。除了日本和西方的強力介入外，義和團也遭受長江地區和南方諸省官員的反對。

1904–1905 年間，現今奈米比亞地區的赫雷羅族和納馬族人，以及現今坦尚尼亞地區的馬及人（Maji）[8]都曾對抗德國在非洲的帝國主義，但皆遭

---

[7] 編按：南非境內荷蘭、法國與德國白人移民後裔形成的混合民族。

受慘痛的打擊。馬達加斯加和摩洛哥對抗法國，納塔烏（Natal）對抗英國，分別在 1904 年、1906 年和 1907 年遭到鎮壓。

然而，這些起義行動和其他抗爭方式，包含法屬阿爾及利亞，英國統治的埃及、印度的民族主義運動，都反應出對西方帝國逐漸升溫的敵意。在帝國取得控制的過程中會產生抵抗，帝國取得控制後也會引發對抗，這兩者之間雖然有部分重疊，但也有許多迥異之處。

在印度等西方殖民地，以及歐洲的奧匈帝國等複合帝國，國族意識和自治政府的概念興起，使得強權的地位持續發生改變。**國族意識會促進人們對獨特文化和語言的追求及傳播**──這為芬蘭、捷克斯洛伐克和愛爾蘭等獨立國家的建立奠定了基礎。強權的地位正遭受挑戰，甚至顛覆，但同時也可能更加鞏固。

這很合理，畢竟**權力的關鍵就在於認知**，而國內勢力和國際盟友都可能發生本質和目標的改變，因而對強權造成影響。帝國內部的支持者和反對者之中，也有人只想繼續過著日常生活，而這些人通常占了總人口的大多數。

除了傳統的帝國強權之外，也有一些國家只在國境之內，或對於臨近國家表現出帝國態度，例如阿根廷、巴西、智利、加拿大和澳洲，就積極擴大他們對原住民族的控制。

因此，阿根廷及智利朝著南美洲的南端擴張，而巴西則拓展他們在亞馬遜地區的勢力。相同的過程也出現在孟尼利克二世（Menelik II）所統治的阿比西尼亞（Abyssinia）[9]。孟尼利克二世在 1896 年的阿杜瓦戰役（Battle of Adwa）擊退義大利的入侵，其後就往現今的索馬利亞地區大幅擴張自己的勢力範圍。

泰國的國王拉瑪五世（chulalong-korn）對於邊境地區也採取中央集權。

---

[8] 編按：當地的一位靈媒自稱，能製造出一種把德國人的子彈化為清水的魔藥。這種魔藥在當地語言中被稱為馬及（Maji），因此其追隨者便自稱馬及馬及（Maji-maji）。

[9] 編按：1270 年到 1974 年期間非洲東部的一個國家，今衣索比亞共和國的前身。

孟尼利克二世在 1889 年到 1913 年統治阿比西尼亞，於 1896 年擊退義大利人的入侵，並鞏固了對現今衣索比亞共和國大部分地區的控制。

中國對新疆、蒙古和西藏的控制，在本質上也是帝國主義，與英國、日本和俄國在亞洲的擴張並無二致。

帝國主義促成全球經濟流動

大西洋奴隸交易的終止，促成了非洲大西洋沿岸殖民經濟的發展，特別是葡萄牙在安哥拉的廣大殖民地。這項發展也反映出勞動力在非洲的充沛，以及西方貿易的改變——**不再願意付出購買奴隸作為勞動力的成本，而是直接購入產品**，也就使得勞動力留在非洲。帝國主義依賴歐洲國家在非洲殖民地的「合法商業」出口，例如英屬黃金海岸（迦納）的可可。

這樣的變化反映了當時全球化的面向之一，**將大部分的世界整合成同一個資本和貿易的系統，再次創造相互依賴的循環**。種族主義是其中的一部分，讓強國有了帝國主義和殖民統治的合理藉口；種族主義在當時對知識分子和文化的重要性，恐怕比我們現在願意相信的還要高上許多。

互相競爭——發展的驅動力

帝國主義的主要驅動力是帝國之間的競爭。這樣的競爭有部分是歐洲內部衝突的延伸，例如法國和義大利在北非的爭議，以及德國與法國在摩洛哥的危機（特別是 1905 年）[10]。法國在突尼西亞和摩洛哥分別擊退了義大利和德國。

在歐洲之外，同樣也有歷史悠久的對立關係，例如英國和俄國在波斯（伊朗）與阿富汗的衝突，或是英國與美國在加勒比海地區和中美洲的對立。這類的對立關係通常會透過談判協調，例如英國與俄國，以及英國與美國的關係。英國接受了美國在太平洋的擴張（特別是夏威夷），因此也接受了美國的許多立場，例如加拿大邊界和加勒比海的勢力劃分。

英國與法國也以非暴力的方式，處理了東南亞與薩哈拉以南非洲的爭議。1906 年英國、法國和義大利簽訂協約，在衣索比亞劃定勢力範圍，並限制軍武的供給。1907 年的英俄協約

---

[10] 編按：第一次摩洛哥危機，歐洲列強因為此殖民地引起的國際危機，間接導致一戰。

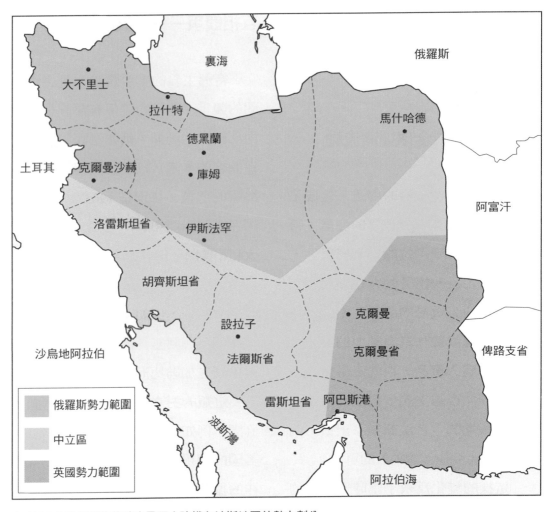

▲ 1907 年的英俄條約確立了兩大強權在波斯地區的勢力劃分。

則解決了兩國在波斯、阿富汗和西藏的長期爭鬥。

1911 年，德國承認了法國在摩洛哥的權利，換取薩哈拉以南的土地割讓。然而非洲地區的敵對關係，幾乎導致了 1898 年的英法兩國戰爭，並使得國際關係更加緊繃。

1904 年日俄戰爭
大規模動武，一戰預演

俄國與日本在遠東地區的權力競賽與其國內的壓力有關，包含了特定政治群體認為拿下勝利有助於提升政府對國內的控制，以及不願屈服於日

本的武力、權力和企圖心——這也預示了日本在 1941 年對美國的看法。

俄國政府當時似乎並不想發起戰爭，卻也沒意識到為了避免戰爭，就必須和日本認真對話。沙皇尼古拉二世（Nicholas II）和顧問們並不覺得那些「黃色惡魔」（yellow devils）有勇氣開戰，而這樣的傲慢激起了東京在 1904 年的團結意識。

日本不接受俄國在義和團之亂後對於滿洲國的占領，因為這會嚴重損害其對外的戰略和經濟。雖然這兩股勢力都正在經歷快速的工業發展期，但對於戰爭，雙方其實都未做好完善的準備。

不過他們的表現都超出了預期，

塑造帝國形象，是愛國者的表現

「當我們在羅伯斯伯爵（Lord Roberts）的帶領下進入市場廣場，將旗幟升起時，他們用電影攝影機為我們拍照，我想你可以在倫敦的一些音樂廳看到照片。」

英國士兵傑克‧杭特（Jack Hunt），如此形容英國部隊在 1900 年波耳戰爭期間，進入川斯瓦省首府普利托利亞（Pretoria）的情景。他知道新的科技（照相）意味著倫敦的人們，也能親眼見證英國的勝利。

愛國歌曲在音樂廳的舞臺上演奏，其中包含了許多交響樂曲，例如愛德華‧艾爾加（Edward Elgar）的《D 大調第一進行曲》（*Pomp and Circumstance March No.1*）[11]，以及更加高昂的《希望與榮耀的土地》（*Land of Hope and Glory*）。在英國與其他地區，人民對於帝國沒有統一的態度，普遍只是熱忱不一的投入程度。然而，維護帝國在本質上也被視為一項愛國者的使命。

---

[11] 編按：日本動畫《我們這一家》片尾曲便是以此曲改編。

俄國證實了麥金德對於歐亞心臟地帶連結的論點，能跨越西伯利亞維繫其軍力。日本則極度缺乏人力，在倫敦及紐約都債臺高築；更嚴重的是，他們無法把戰場上的小成功轉化為整場戰爭的勝利。

然而，後來日本在海戰中大敗俄國，尤其是 1905 年在韓國外海的對馬群島；此外，日本也在滿洲國陸戰中打敗俄國，成了該地區的主要勢力。這讓其他國家看見了西方的弱點，雖然有限，但也在某種程度上鼓舞了對西方帝國的反抗，例如印度。

日本與俄國在 1907 年、1910 年簽訂的協約，除了提升在滿洲國南部的勢力，也鞏固了對韓國的控制，為其於 1910 年占領韓國奠定基礎──日本對韓國的殖民手段相當嚴酷。日俄戰爭也讓日本成了中國面對的一大外國勢力，對兩國日後的關係影響深遠。

美國居中協調的合約簽訂，也影響了其後對東亞的關注，這也是 20世紀的焦點之一。英國於 1902 年為了牽制俄國，與成長中的日本結盟。以麥金德的地緣政治觀點來說，這是周邊國家（Periphery）對中心國家（Heartland）的必要牽制。俄國的戰敗也鼓舞了德國，因為他們認為這削弱了與俄國結盟的法國。

1905 年俄國革命

1905 年的俄國革命，除了和日本之間一系列慘痛的戰爭有關，也受到日本軍武力量的刺激（正如 1917 年社會主義革命受到德國鼓舞）。起義分子多在城市，特別是首都聖彼得堡，期間也出現「一切權力歸於蘇維埃」[12]等較為激進的口號。然而，革命失敗了。日俄戰爭結束對穩定俄國內部情勢至關重要；但這也讓人們發現，戰爭失敗對俄國羅曼諾夫王朝[13]的統治，可能會帶來嚴重的威脅。

---

[12] 編按：「蘇維埃」為俄國無產階級於 1905 年革命時期創造，領導群眾革命鬥爭的組織形式。在共產黨的領導下，不僅可以立法，還可以直接派生行政機構。

[13] 編按：俄羅斯最後一個王朝。一戰末期，尼古拉二世被蘇聯軍隊槍殺全家後自此滅亡。

1911 年辛亥革命
打破了中國歷史的連貫性

和先前的太平天國與義和團之亂不同，1911 年革命的起源完全是軍事層面。1894 年對日本的敗仗促成了軍隊現代化，在義和團之亂後更加快了步調，由政府在 1900 年間推動了改革計畫。

現代化、國家主義者和軍隊持續對政府施壓，要求改變。同樣的情況在 1908 年的土耳其也發生過；另外也是葡萄牙 1910 年推翻君王的原因，促使暹羅（泰國）在 1932 年實施憲法，影響了許多拉丁美洲的國家。

知識分子，例如歷史學家及哲學家梁啟超，宣稱滿洲摧毀了中國的生命力。對日本的敗仗和義和團之亂的失敗，皆顯示了中國的弱點——帝王無法與徹底的改革並存。

▲俄國戰艦沉沒象徵了情勢由俄國轉向日本。在海戰上取得巨大成功後，日本也因此引起美國關注。

▲南京之戰從 1911 年 11 月 24 日持續到 12 月 2 日，屬辛亥革命的一部分。

對滿清皇帝的革命始於 1911 年 10 月的武昌起義。消息快速傳開，各地紛紛響應，革命透過電報傳遍了大部分的中國。長期參與革命的孫中山在 12 月 29 日成為臨時總統，但他的政府沒有任何軍事力量。

當關鍵的指揮官袁世凱經過猶豫後決定支持革命，滿清的命運也就決定了。末代皇帝溥儀在 1912 年 2 月 12 日退位，而袁世凱於 3 月 10 日成為臨時總統──當時溥儀只有 6 歲大，沒有能力阻止革命。

這場革命對於中國歷史的連貫來說，是個重大而不可逆的突破。帝國的統治曾經帶來凝聚性、連續性和近似宗教的概念，這些都沒有那麼容易被取代。講求相對關係的儒家秩序，也在新時代失去了作用。

袁世凱（1859–1916）本是大清內閣總理、北洋新軍領導人，後於 1913–1915 年間擔任中華民國總統，又於 1915–1916 年間稱帝。

迄今為止，中國仍是一個定義不清的概念，被重新塑造為一個繼承了滿清王朝地位，並在領土上與之相連的「民族國家」。新的政權也成功的將歷史改寫——滿清王朝並非「中國人」。然而，事實也證明，未來比過去更難以操縱。

■ 同盟制度
大國競爭越加激烈

1900 年代幾次國際緊急情勢中，比較重大的包括 1905 年第一次摩洛哥危機、1908 年波士尼亞危機。這些都促成了邊緣政策的興起，也使國家之

▲第一次巴爾幹戰爭造成了土耳其帝國滅亡。圖中是保加利亞－塞爾維亞勢力所使用的武器，他們在 1912–1913 年成功攻下阿德里安堡（Adrianople，又稱埃迪爾內〔Edirne〕）。

間的不信任逐漸累積。

1912 年的巴爾幹戰爭讓範圍更廣大的衝突成為趨勢，同時也終結了歐洲的土耳其帝國，只剩君士坦丁堡（伊斯坦堡）附近的少數土地倖存。塞爾維亞、羅馬尼亞、保加利亞、希臘和蒙特內哥羅都在此戰爭中受益，卻在 1913 年的第二次巴爾幹戰爭中，因為保加利亞的戰敗而失利。

隨著同盟系統的成形，大國勢力間的競爭越加激烈。雖然這在某種程度上有嚇阻的作用，但隨著**越來越多決策者傾向於用軍事手段解決國際間問題**，使國際情勢更加險峻。

於是，強權間的盟約使緊張局面越發明顯。以 1914 年的第一次世界大戰為例，德國與奧匈帝國（現今的奧地利）間的關係，以及俄國與法國間的同盟，都讓巴爾幹危機不斷擴大。

原本只是塞爾維亞恐怖組織，在賽拉耶佛（Sarajevo）刺殺奧匈帝國繼承人法蘭茲·斐迪南大公（Franz Ferdinand），後來卻演變為整個歐洲的戰爭。奉行軍國主義的德國，似乎也無意對奧匈帝國加以限制。

德國在經濟和人口上的顯著成長，為大量軍隊和激進立場提供良好背景；然而，後者也反映了反社會主義的軍國主義態度，吸引了東部的菁英地主階級，其中以普魯士為主——德國西部的經濟成長、相關的社會變化及政治影響，都讓這些人備感壓力。

1912 年左翼的社會民主黨成為德國國會最大黨，並且在大選中贏得三分之一的選票。為了與之對抗，政府只能訴諸社會中教育程度較低、反社會主義、反猶太的群眾，而這樣的發展與 1930 年代相當類似。社會民主黨馬克思主義的話語，激發了廣大民眾的恐懼。

德國發起的海軍競賽

海軍的裝備競賽是當時政府和大眾關注的焦點。為了搶到「好位置」，已經於非洲和太平洋取得殖民優勢的德國，在仇英的威廉二世（Wilhelm II）和阿爾弗雷德·馮·鐵必制將軍（Alfred von Tirpitz）的帶領下，渴望與英國在海上一拼高下。然而，這是個愚蠢的決定。

德國海軍的戰艦數量在 1905 年排

▲ 1899 年和 1907 年的海牙和平會議（Hague conventions），目標是建立起國際關係和戰爭的準則。
1907 年，英國希望能通過海軍軍備的限制，卻遭德國和其他想要打造艦隊的國家拒絕。

名世界第四，在 1914 年則上升到世界第二，與美國並列。英國為了應付德國的海軍發展，做了過分充足的準備：1906–1912 年間，英國與德國主力戰艦的比例是 29：17。

這樣的軍備競賽，鞏固了英國在抗德陣營中的聲勢，也在 1904 年和 1907 年分別強化了英國與法國、俄國之間的關係，對於 1914 年的國際衝突發展也影響深遠（雖然德國於該年攻擊法國，才是促使英國參與第一次世界大戰的主因）。

美國的野心
強壯海軍，採取強硬立場

1907–1909 年，美國派出擁有 16 艘戰艦的「大白艦隊」（Great White Fleet）繞行世界，展示美國的旗幟。此時美國已是領先的世界工業大國，而此舉的目的就是強調美國的力量。

1898 年西奧多‧羅斯福（Theodore

Roosevelt，老羅斯福）志願從軍，參與了美國對當時西班牙殖民地古巴的戰役。身為 1901–1909 年的美國總統，他贊同美國在國際間應該採取更強硬的立場，特別是美洲地區，並且透過強壯海軍來支持此行動。

到了 1909 年，美國的海軍戰艦設計配置了較大的煤艙，可以提供 10 萬浬的巡航半徑。這有部分是為了因應日本對美國太平洋利益的明顯威脅。強勢的羅斯福懷抱美國本土主義，體現強大且自信的力量，並在國際舞臺上發揮其經濟優勢。

他在美國接管巴拿馬運河興建的過程中扮演了關鍵角色，他的巨棒外交政策在面對拉丁美洲勢力時格外顯著，並且讓歐洲列強了解到，美國不會再容忍他們對於該地區的干預。

▲大白艦隊於 1907–1909 年間繞行世界，展現了美國的肌肉力量和意圖。其名稱來自漆成白色的船身。

巴拿馬運河，美國海軍力量的關鍵

政治並不是人類發展唯一的形式或方式。巴拿馬運河竣工於 1914 年，總長 82 公里，就是人類大幅改變周遭世界的好例子。巴拿馬運河的建造情境，遠比先前的蘇伊士運河（1869 年啟用）更艱困。

最早的計畫由法國財團於 1881 年展開，卻因為黃熱病和管理不良而停擺。美國在 1904 年接手計畫，提供了更系統性且注重工程與衛生的做法──除了有更強大的經濟後盾，對環境也更為了解。

美國對運河的支持，背後也有政治因素考量。巴拿馬於 1903 年從哥倫比亞獨立，美國在背後推了一把（透過恫嚇性的介入），而新建立的巴拿馬將運河區的控制權交與美國。

運河成為美國海軍力量的關鍵，也帶來許多有價值的經濟效益。潛在敵對勢力的海軍，可能會被限制於大

▶照片拍攝於 1915 年 5 月，巴拿馬運河太平洋端的巴爾博亞（Balboa）乾船塢一號入口。美國工程師改善了當地的沼澤環境和農業。

西洋或太平洋的一側，而**美國的艦隊可以透過運河來回兩邊，並且受到基地掩護**。這也是針對日本勢力在太平洋興起的一大回應。

到了 1914 年，美國成了太平洋的主要勢力，統治夏威夷、中途島、強斯頓環礁（Johnston）、巴美拉環礁（Palmyra）、圖圖伊拉（Tutuila）、威克島（Wake Island），以及關島與菲律賓。美國對於中國和遠東地區越來越感興趣，也越來越擔心日本的擴張。

墨西哥革命

派系鬥爭、政變、叛亂的複雜關係在墨西哥格外明顯。現代化為當地帶來的經濟和社會緊繃，造成了政治壓力，然而成因不只是獨裁者波費里奧・迪亞斯（Porfirio Díaz）統治下的權力及利益分配不均；大部分的農民都沒有土地，大部分的中產階級也因為社會動盪而感到很不安。

1910–1911 年間，菁英階層內部的對立來到高峰，參選總統的弗朗西斯科・馬德羅（Francisco Madero）高呼經濟及政治自由，隨後遭逮捕入獄。出獄後，馬德羅在 1911 年的選舉中當選總統，卻也無法控制自己造成的失序狀態。

先前的迪亞斯體系崩潰，對墨西哥上下都帶來了巨大混亂：沒有土地的農民參與地區叛軍，就好像中國農

拉丁美洲

拉丁美洲處在美國和英國經濟力量的陰影中，主要為了發展中的世界經濟提供原料。拉丁美洲的國家，大都因為保守派和自由派的對立而分裂，而且時常會引發政變或戰爭，例如委內瑞拉（1898–1900）、哥倫比亞（1899–1903）、烏拉圭（1904）、厄瓜多（1911–1912）和巴拉圭（1911–1912）。

拉丁美洲國家間的衝突並不顯著，但在 1906–1907 年間，中美洲的內戰情勢錯綜複雜，甚至讓瓜地馬拉、薩爾瓦多、宏都拉斯和尼加拉瓜彼此牽扯。

▲馬德羅在 1911 年 7 月凱旋進入墨西哥城。他代表的是溫和改革的機會，亦即革命和反動之間的中間路線。馬德羅於 1911 年 11 月就職總統，1912 年面對叛亂，1913 年政變（又稱「悲劇十日」）中被殺害。

民加入軍閥勢力，而軍閥成了地方上的權力掮客，甚至能干預國家等級的事務。

1913 年爆發了軍事政變，馬德羅被殺害，政權也被推翻，這又帶來了長期的混亂。在墨西哥，追求和驗證權力一向是透過軍事手段，中央和地方之間也總是存在衝突。這樣的緊繃情勢在 1910 年代達到最高峰。

墨西哥革命並未向其後的俄國革命那樣，在全世界引起迴響，但就如中國的革命，這兩起事件都顯示了如何透過暴力達成劇烈改變，以及世界上大部分的國家，都還缺乏民主精神、或存在民主制度上的漏洞。墨西哥直到 1920 年代仍處於動盪的局面，內戰則延續到 1930 年代。

■ 民族主義
團結國家的重要環節

在日本，1868 年明治維新後，歷史悠久的神道教在國家支持下，與新的專制政府融合發展。軍國主義與「新的過去」扮演了重要角色，讓 1869 年在東京建造的靖國神社成為民族主義的象徵，並紀念戰爭中的犧牲者。

在拉丁美洲，權力掌握於葡萄牙和西班牙征服者的後裔，而非美洲原住民和非裔（奴隸）後代。拉丁美洲因為歐洲殖民而經歷長期的克里奧化（creolization）[15]，創造出新的種族及民族身分認同，但這樣的過程卻鮮少被注意到；歷史聚焦的重點，都在 19 世紀初期，美洲各國爭取獨立的過程。而許多國家也嘗試以教育為手段，試圖融合不同民族，建立團結統一的國家，阿根廷就是一例。

帝國主義希望打破其他國家，對於「國家血統」傳承的狹隘定義。因此，日本統治者希望將韓國的歷史和文化認同，都納於日本的主流之下（並認為它相對劣等）；而韓國知識分子們為了反抗，則試圖用歷史來保存並傳播對韓國的身分認同。

■ 人口遷徙及種族
反對外來者的本土主義興起

全球人口前所未有的成長、勞力需求在新興區域增加、蒸汽船及鐵路等交通方式演進，都助長了大規模的移民遷徙。最大的人口移出來源是中國、印度和歐洲，但移民的模式各自迥異。

印度是大英帝國的屬地，移民的目的地通常是大英帝國領土，如南非和東非（肯亞及烏干達）、斐濟、圭亞那和千里達；中國人會前往太平洋的另一端，特別是加州、昆士蘭（澳洲）和秘魯；歐洲人的目標則是美洲和澳洲。因此，舉例來說，義大利人大量移居美國，而為數眾多的北歐人、愛爾蘭人和波蘭人也是如此。

---

[15] 編按：指完全不同種族的人通婚後生出的後裔，他們既具有個別種族的生理特性，又表現出與它們區別開來的全新特徵。

▲天皇於 1929 年參拜靖國神社，清水良雄繪。靖國神社除了紀念戰爭中的犧牲者，也是民族主義的象徵。

　　在某些有勞力需求的地方，移民
很受到歡迎。然而，也有人擔心與當
地勞工的競爭，對於非歐洲裔移民的
種族歧視問題也屢見不鮮。「白澳政
策」[16] 就反映了對於中國移民的疑慮，
在美國也有相似的狀況。

　　到了 1900 年代，各地對於移民的
焦慮逐漸增長，種族偏見的問題在社會
和政治上扮演的角色越來越強勢（反
猶太主義也更加嚴重）。1905 年，英
國通過《外籍人法》（*Aliens Act*），防
止貧民或犯罪分子進入；在 1901 年到
1914 年間，每年都吸收將近百萬移民
的美國，反對外來者的本土主義也逐漸
興起，特別是針對地中海國家的移民。

▶ 橫渡太平洋的中國移民，是當時主要的人口流
　動。在 19 世紀下半葉，至少有 230 萬中國人
　民移居海外，這造成了白人本土主義的反彈，
　特別是在澳洲和美國。

[15] 編按：澳洲聯邦在 1901–1973 年間，實
行的反亞洲移民種族主義政策。

漂泊的民族猶太人

猶太人被視為漂泊的民族或貪得無厭的財閥，舊有的偏見歧視（偏執和妄想的個性）也再次浮現，特別是 1902 年間由俄國發行的《錫安長老會紀要》（*The Protocols of the Elders of Zion*）文件，號稱揭露了猶太人統治世界的野心。1903–1906 年的俄國反猶太大屠殺，就是這類心態的產物，而企圖透過俄國民族主義來鞏固權力的沙皇，更是火上加油。

在奧地利，由於帝國劇烈改變，社會和經濟流動性漸增，反猶太主義也大幅提升。除了對猶太人的敵意，而同樣重要的是對於奧匈帝國內非德國人的警戒，因為他們似乎會威脅國家安全，造成分裂。

被立法針對的非裔美國人

黑人（或非裔美國人、黑種人）的地位是美國「機會」和「包容」信念的一大傷痕。雖然不再身而為奴，黑人們還是遭受種族隔離政策的影響（而且不只是南方的州，在全國層面亦然），這在軍隊和體育競賽中格外明顯。

他們同時也是種族暴力的受害者，時常遭受私刑的威脅。在南方，監獄中黑人男性的比例非常高，且監獄勞役使用廣泛，特別是在公共建設上。南方各州的黑人幾乎被視為次等公民，容易在經濟和政治上受到迫害。

受到 1890 年代種族隔離法律的影響催化，黑人的惡劣處境一直延續到 1950 及 1960 年代。**美國南方成為了貧困的農業社會，**存在非人道的勞役關係，而**有部分的原因是白人菁英希望維持這樣的社會，保護自身的頂層地位，而不是進入新的工業化秩序，**讓都市化與機械化威脅他們的優越性。

這樣的決定加深了美國內部的分化；相較之下，巴西和俄國大部分的菁英願意分別與奴隸和農奴合作，接受工業化的結果，亦即產生社會流動及都市化。

美國南方的白人不願接受這些做法，因為他們對南北戰爭時輸給工業化的北方依然懷抱恨意。南方的小說家威廉‧福克納（William Faulkner）在小說《修女安魂曲》（*Requiem for a*

▲美國的種族隔離直接針對非裔美國人，在 1896 年到 1954 年間都被最高法院視為憲法。照片中「有色人種的飲水機」，位於奧克拉荷馬市的街車車站，拍攝於 1939 年。

Nun）中曾說道：「過去永遠不會死去，甚至不是真的過去了。」

1900–1914 年
世界經濟
帝國經濟統治世界

西方帝國力量的擴張，與當時重工業的快速發展相符，英國在運輸、金融和電報方面帶來的助長尤其顯著。這樣的發展確立了西方重要帝國的經濟影響力，甚至對於帝國正式領地以外的地區也能有所控制。

因此，可以說**大部分的拉丁美洲其實都屬於美國或英國的非正式領土**。更甚者，身為非西方最大的經濟體，日本也具備了帝國的實力。

重工業聚焦於鐵和鋼的生產，特

▲克虜伯工廠是德國最大的私人工業部門。克虜伯的鋼鐵砲彈讓公司賺進大筆財富，而其生產的軍武包含抗擊打力相當高的鎳鋼戰艦裝甲。

▲錫蘭茶園。英國自 1824 年將茶樹引進錫蘭，1873 年開始在英國銷售茶葉。到了 1899 年，茶葉種植面積超過 40 萬英畝，而茶葉的生產幾乎全部以出口到英國為目的。

別是船艦和大型機具的建造，以及軍武的生產，德國埃森市（Essen）克虜伯（Krupp）公司重工廠的擴建，就是最好的例子，當時主要為德國軍隊生產大砲。然而，隨著不同工業的成長，該公司也多元化發展新興科技，特別是德國擅長的化工業。

當時新興產業和活動也包含了汽車和影視，還有 1903 年萊特兄弟發明的飛行器。然而，在世界其他大多數地區，經濟活動的模式仍較為傳統；農業依舊是重要的經濟來源，從業人數眾多，特別是在亞洲地區。

於此同時，農業也發生了改變。在大型蒸汽船、冷藏技術和鐵路的發展下，可以輕鬆運送大量的貨物，於是農業商業化的程度也跟著提高。這樣的現象在 1900 年代更為明顯，並整合了許多重要的經濟部門。

舉例來說，巴西的咖啡因此可以

運送到歐洲和美國,而阿根廷的牛肉與澳洲的羊肉也可以運送到英國。雖然保護關稅機制存在,但自由貿易同樣興盛——這更加鞏固了英國在商業貿易的強勢地位。

當時各種消費行為也反映了潛在的國際生產和貿易。例如,英國工人喝的茶可能進口自印度和錫蘭(今稱斯里蘭卡),其中添加的糖來自西印度群島,而牛奶和茶杯則可能是本土製造。

然而,我們無法判定這樣的全球性經濟整合是否一定是好事。首先,這樣的**過程對於環境和人類來說都深具破壞性**,而且延續了整個 20 世紀。**為了遙遠的市場而生產貨品**(例如印度和錫蘭為了英國種植茶葉),**可能會促成艱辛甚至嚴苛的勞動體制**;國家經濟對於特定作物高度依賴(例如錫蘭的茶和馬來亞的橡膠),而作物的種植又是由帝國系統引入,這都反映了帝國強勢的影響。

另一個值得注意的地方是,只要有錢賺的地方,一定會有人從旁想辦法分一杯羹(非法或半合法的方式)。這些被國家控制、政府監管的產業,很大程度上不能滿足許多人的需求;因此,走私、生產、運輸和販售端的黑市活動,甚至偷竊、私售貨品都是經濟活動的一環。要了解的是,這些並不是「正常社會以外的活動」,而是形成社會不可或缺的一部分。這也能解釋,國家往往很難在比較貧困的區域,尋求政策面的支持。

新興科技
「資訊」從此成為民生用品

各式新興科技的發展,讓人們期待革命性的改變,無論是在高端的技術意義上,還是能更廣泛影響生活層面的事物。對於總是在過去尋找參考目標、預期和慣例的人來說,這樣的改變讓人難以接受;而對於另一些人來說,生命的本質就是無法避免的邁向未來。有些人對未來感到悲觀,但更多人懷抱希望,特別是年輕人和都市人。

齊柏林飛船——改良後的熱氣球

熱氣球在操縱上有嚴重的設計不

良，但在 1870 年代，引擎和熱氣球結合形成了「飛船」，裝上了金屬外框，讓飛船更容易操作。充氣飛艇由德國的齊柏林開發，他從 1899 年起，以圓柱形（而非球形）的容器填入氣體開始試驗。

1908 年，齊柏林的 LZ-4 飛船在 12 小時內飛行超過 386 公里，這引起了軍方的興趣，科幻作家也開始以此為創作題材，例如赫伯特・喬治・威爾斯（H.G. Wells）的《空中戰爭》（*War in the Air*）和愛德加・萊斯・巴勒斯（Edgar Rice Burroughs）的《火星上的強卡特》（*John Carter of Mars*）。

飛機因內燃機而誕生

早期大型滑翔機的機翼設計，以及載人飛行方面的成果有限，主要原因是缺乏合適的小型發動機。然而，內燃機的發明讓人類飛行得以成真。美國萊特兄弟在 1903 年的成功可說是在預期之中——至少克雷芒・阿德爾

（Clément Ader）如此認為 [17]。然而，對社會來說是萊特兄弟的成功，才始得「可控飛行」得以實現。

除此之外，萊特兄弟也瞄準了軍需市場，在 1908 年取得軍用飛機的合約，打造出能以時速 64 公里飛行 200 公里的飛機。

1909 年，兄弟中的威爾伯・萊特（Wilbur Wright）成了第一位在空中攝影的飛行員；法國飛機工程師路易・布萊里奧（Louis Blériot），也在同年飛越英吉利海峽。四缸引擎的長程飛機則從 1913 年開始研發，同年即有第一位飛行員橫越地中海。然而，1914 年大部分的飛機，都只不過是緩慢的飛行箱子而已。

收音機使資訊成為民生用品

1904 年，法國小說家愛德華・艾斯唐尼（Edouard Estaunié）創造了「電信」（telecommunication）一詞，其中「tele」的意思是「距離」。電信最初

---

[17] 編按：此人為法國工程師，在 1890 年成功駕駛飛機飛行，獲得法國軍隊資助研發；由於飛機製造涉及國家機密，直到 1906 年才被允許公布他的發明。當時，美國的萊特兄弟已經向全世界宣傳了他們的飛行實驗，故絕大多數人認為萊特兄弟才是飛機的發明者。

的開發目的是戰船間的長程溝通，而收音機和電報相比更方便、有彈性，顯然有潛力帶來更深遠的改變。英國的報社編輯羅伯·唐納（Robert Donald）就在 1913 年對記者協會發表了收音機新聞未來的展望：

「人們可能變得懶惰不願意閱讀，而新聞必須像瓦斯或水那樣送到家中或辦公室。住戶會坐在花園裡，用大幅改良的留聲機收聽一天的新聞。」

軍武的改變

對於即將發生的一次世界大戰，當時潛水艇和飛機是影響最深遠的發明，但其他軍武科技的改變也很重要。一封署名「上校」，標題是「波耳戰爭：攻擊陣地」的文章刊登於 1899 年的 12 月 27

▲亞伯托·桑托斯·杜蒙（Alberto Santos-Dumont）是巴西飛航領域的先驅，於 1901 年繞行艾菲爾鐵塔而贏得獎項。照片是更早之前的失敗嘗試。

日《泰晤士報》（*The Times*）上，其中如此評論：

「現代的防禦方式中包含了後膛裝載的步槍，結合了現代軍火和設計優良的土方工程，因而堅不可摧；只要防守方擁有足夠配備了厚膛步槍的士兵，攻擊方就幾乎不可能輕易攻下陣地。如今，後膛步槍又被連發步槍取代，讓攻擊更加困難，除非攻擊方以砲火造成嚴重損害。」

在日俄戰爭中，機槍和刺鐵絲網都扮演了重要角色。這些改變在接下來的世界大戰也都影響深遠。

▲義大利發明家古列爾摩·馬可尼（Guglielmo Marconi），在收音機的發明上貢獻卓著，因此成為 1909 年諾貝爾物理學獎的得主之一。照片為他發明的無線電報系統。

對第一次世界大戰的士兵來說，由於防禦工事改良和速射武器的
發明，要穿越前線戰場特別困難。

第二章

第一次
世界大戰
1914–1918

　　第一次世界大戰的規模和範圍都前所未見。這場悲劇性的軍事衝突不只改變了牽涉其中的國家，也影響了整個世界。對所有的主要參與者來說，戰爭都帶來了重大的政治、社會、經濟和文化影響。而隨著戰爭的終結，一場致命的新疾病也席捲了整個世界。

第一次世界大戰
重新瓜分世界的手段

這場戰爭的起因，是奧匈帝國繼承人法蘭茲‧斐迪南在賽拉耶佛遭受塞爾維亞恐怖組織刺殺。奧地利的震怒當然可以理解，而這也給了他們有利的藉口，在巴爾幹半島發起衝突，藉以箝制塞爾維亞在當地逐漸增長的影響力。

奧地利對塞爾維亞提出 10 項嚴苛的要求來停止危機，但心知肚明對方

▲在第一次世界大戰前的 10 年間，刺殺重要人物屢見不鮮，但法蘭茲‧斐迪南之死在當時的政治情境中，顯然格外具有破壞性，因為這給了奧地利對塞爾維亞施壓的「機會」，並導致更大規模的衝突。

必定會拒絕，讓他們得以宣戰。不過
奧地利所不知道的是，塞爾維亞的同
盟俄國已經承諾在未來的任何戰爭中
提供支援；而塞爾維亞也不知道，德
國對盟友奧地利也有相同的保證。

　　當奧地利在 1914 年 7 月 28 日對
塞爾維亞宣戰時，也在盟軍間引起了
複雜的效應。德國發現自己有義務與俄
國開戰，於是做出戰略上的決策，率
先對俄國的另一個盟友法國發動奇襲，
以避免腹背受敵的窘境。1905 年，德
國專門為此目的訂定了策略，稱為「施
里芬計畫」（Schlieffen Plan），而為
了占領巴黎，他們必須先入侵比利時。

西部戰線，壕溝戰的起點

　　1914 年德國對比利時的侵略，讓
英國也加入戰局。不過這對德國來說
或許不必太過擔憂，畢竟英國當時以
海軍勢力為主，而自從 1853 年與俄國
的克里米亞戰爭後，就沒有在歐陸進
行過其他重大戰爭。

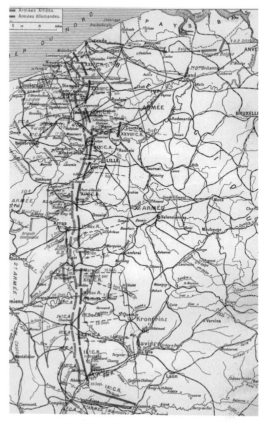

▲ 1914 年的「通向大海」。德國與協約國的北方
戰事，在西線從阿爾卑斯山延伸到英吉利海峽，
雙方都希望由側翼包抄對方，但皆以失敗告終。

　　然而，德國對於法國的快攻奇
襲並沒有得到成效，協約國的軍隊在
1914 年 9 月的馬恩河戰役（Battle of the
Marne）成功反擊。接著，雙方在「通
向大海」[1] 之役中都未能順利由側翼包
抄對方，導致協約國軍隊與德國在法

---

[1] 編按：Race to the Sea，當時德、法（英）兩軍相互嘗試包圍對方，因而建立了延伸至海岸
的漫長戰線。這場「競賽」於 10 月 19 日左右在比利時北海沿岸結束。

國東方、部分比利時的戰事陷入膠著。而為了在致命的速射火砲（連發火力）中保護自己，雙方都開始挖掘戰壕，這就是所謂「壕溝戰」的起點。而後就是漫長的消耗戰。

德國在 1915 年對英國和法國襲擊失敗，1916 年則在凡爾登（Verdun）對法國發動大規模攻擊，並在索姆河（Somme）攻打英國，兩場戰爭都損失大量兵力。雖然這些協約國與同盟國之間的戰爭並未帶來重大突破，不過都有著戰略上的目的，特別是在 1916 年為了法國與俄國的其他戰線減輕壓力。

1917 年，英國與法國在各自的戰場上都無法攻破德軍陣線，並且承受了沉重的損失。德國在 1918 年的春天和初夏取得一些進展，最後也遭遇阻礙，使得前線變得脆弱不堪。

同年稍晚，協約國的軍隊順利突破。他們受益於美軍的協助和坦克車與飛機的加入，但最關鍵的因素還是

▲ 1916 年的凡爾登。法國士兵身處於因為砲擊而煙霧瀰漫的戰場，顯示了當時戰事的殘酷，有超過 50 萬人喪命。

▶ 1915 年俄國的哥薩克軍團，由哥薩克（烏克蘭及俄羅斯南部）移民與周邊居民組成，這些軍事殖民地必須為帝國陸軍提供士兵，擔負邊境防禦的任務。所有哥薩克男性皆有 20 年兵役義務，自 18 歲起便開始服役，38 歲之後轉為預備役民兵。

英國與法國成功的陸軍砲兵合作。德國戰敗退兵，同盟系統也跟著崩潰，於是提出投降的條件。西線戰事的開始與結束都在差不多的地區。

東部戰線，革命使俄國停戰

由於奧地利乏善可成的表現，俄國自 1914 年起就取得了大幅度的進展，但面對德國時卻一再嚐到苦頭。德國在 1914 年於東普魯士的坦能堡（Tannenberg）和馬祖里湖（Masurian Lakes）戰役中，擊退俄國統籌不良的入侵，接著在 1915 年攻下俄國統治的波蘭。這些戰爭也導致了俄國的兩場革命。

德國的勝利，逼迫俄國新興共產黨政府在 1918 年簽下《布列斯特－立陶夫斯克條約》。東線戰事雖然動搖了俄國和奧匈帝國，卻也未帶給德國預期中的好處。

巴爾幹戰爭

1914 年奧地利對塞爾維亞的進攻失敗了，但隨著保加利亞在 1915 年以奧匈帝國與德國盟友的立場加入戰局，塞爾維亞多方受敵，很快就被征服。這個例子展現了快速做出軍事決斷的能力——與西線戰情形成鮮明對比。

由於英國與法國的兩棲部隊，在 1915 年的加里波利之戰中沒辦法成功打敗對手土耳其，在塞薩洛尼基戰爭（Salonika campaign）中也同樣無法壓制保加利亞，戰事因而向外擴張。

羅馬尼亞在 1916 年加入英國、法國和俄國的陣線，大部分的領土卻在奧匈帝國和德國聯軍的成功入侵中失陷。一直到一次大戰結束的階段，巴爾幹半島都屬於次級戰區，而保加利亞被登陸自塞薩洛尼基的協約國軍隊擊敗，因此動搖了同盟國的運作。

▲ 1917 年，義大利在卡波雷托被奧匈帝國和德國聯軍擊敗，因此撤軍、士氣大受打擊；但與俄國、奧地利的崩潰相比，義大利人很快就團結了起來。

▲印度軍團。位於法國弗萊涅地區附近的哈德森騎兵團斥候，攝於 1917 年 4 月，這張照片反映出了帝國軍力布署的廣泛。

害了自己的義大利進軍

　　義大利在 1915 年參戰，希望能從奧匈帝國得到好處，並將此視為 19 世紀中期開始的「義大利統一運動」的最後一步。而英國和法國也很樂意在 1915 年的倫敦協約給出這樣的承諾。

　　然而，義大利對奧地利的連續攻擊，特別是在索查河（Isonzo River）區域，不但造成己方損失慘重，而且只攻下了少數的領土。更甚者，這些土地在 1917 年的卡波雷托奇襲戰役中又全數奉還回去。

　　為了避免步上俄國在 1917 年的後塵，義大利最終在盟友的幫助下奮起，並於 1918 年將奧地利人逼退。然而，

戰爭對義大利人的自信心帶來慘痛的打擊，也造成社會沉重的負擔。

歐洲外的帝國戰爭

歐洲列強之間的衝突，也牽扯了他們本身的整個帝國。大量的非歐洲人都在歐洲作戰，特別是法國軍隊中的非洲人和英國軍隊的加拿大人。這些人的貢獻在歐洲以外的地區更加顯著，而強國間也會攻打對手的殖民地和領土。

澳洲、印度和紐西蘭的軍隊代表英國，攻打了德國海外的領土和土耳其帝國。然而，這些過程都比想像中還要曠日費時，德國的軍隊在坦尚尼亞更是奮戰到第一次世界大戰結束為止。巴勒斯坦（以色列）、敘利亞和美索不達米亞（伊拉克）都是在艱苦的奮戰後才被英國占領，而英國在過程中也承受許多重大損傷。

戰爭不只加深了帝國間的合作，也帶來了前所未有的試驗；當徵兵制度推行後，這樣的狀況更加明顯。在大英帝國中，徵兵制於澳洲、加拿大和愛爾蘭都引發反彈；而在其他殖民地，戰爭也帶來沉重負擔。1916 年，俄國統治的中亞地區也出現暴力抗爭，最後被俄國強力鎮壓。

對於戰爭期間的內部壓力，帝國也必須鞏固自己的勢力。在 1915 年西非的伏爾塔－巴尼戰爭中，法國派出 5,000 名以西非人為主的部隊鎮壓，並且使用了殘忍的手段，例如屠殺平民和兒童、在水井下毒、殺害動物、破壞環境等。法國為了鎮壓這次起義，有超過 30 萬當地人口被殺害。

1917 年美國參戰

在投入一戰之前，美國的經濟、工業和農業資源對協約國來說至關緊要，也是工業化和戰爭經濟的關鍵，以及英國稱霸海戰的原因。1917 年，在受夠了德國的無限制潛艇戰[2] 後，美國因此加入戰局。

---

[2] 編按：為打擊協約國士氣與物資供應，德軍便使用潛水艇大規模轟炸軍用、民用載具，但多半都是民船遭受轟炸。

美國的西線軍力在一戰中扮演了重要角色，隨著越來越多美軍參戰，也讓協約國漸漸占據優勢。除此之外，美國海軍的支持，也幫助英國鞏固其海上霸權。

然而，**美國真正的軍事和工業成就出現在 1941 年後**，而非 1917 年。和第二次世界大戰相比，美軍在一戰的造船技術還算普通，而且在坦克和飛機方面仍需要仰賴英國與法國。

當時他們的財務壓力也很龐大：美國的國債從 10 億美元增加到 270 億美元，而到了 1918 年 11 月，國家支出的每 1 美元中，就有 70 分來自借貸。雖然美國在 1917 年買下了丹屬西印度群島——聖克魯斯、聖約翰和聖湯瑪斯（這也是後來有興趣購買格陵蘭的先例）[3]，但他們當時無意透過戰爭來取得土地，不過之後面對德國在非洲和太平洋的海外領土時，可能就有了這樣的念頭。

1916 年在丹麥北海的日德蘭海戰（Battle of Jutland），是當時最激烈的海上戰役，但水面作戰無法為德國提供決定性的打擊。因此，為了使仰賴食物進口的英國屈服，他們轉向潛水艇戰爭。

然而，德國的無限制潛艇策略，卻讓美國在 1917 年選擇參戰。除此之外，雖然成功擊沉許多戰艦，但護航艦隊的應用也限縮了潛艇的發揮，使其無法達到預期的戰略影響。**協約國的海上霸權是這場戰爭的關鍵，讓他們能自由移動、補給和部隊**，對德國造成箝制——這樣的海上霸權在麥金德的地緣政治理論中遭到低估了。

空戰，偵查為主要用途

軍武的進步在空戰中最為明顯。1911 年義大利入侵利比亞時，飛機首次在戰爭中出現，而飛船與飛機的大規模軍事應用則要到 1914 年後。最快速發展的飛行器是充氣飛艇，被德國使用來轟炸英國，不過在面對反擊時卻不堪一擊。

---

[3] 編按：因格陵蘭戰略位置和豐富的自然資源，美國在1867年、1946年、2019年都曾表示有興趣購買。

▲ 1916 年的日德蘭海戰。當時的戰艦面臨裝甲保護力不足、信號傳遞及火力控制不佳等問題，而在如此
大規模和高度複雜的海戰中，如何管理軍力並贏得勝利，成了前所未有的挑戰。

當時飛行器的主要用途還是偵察，特別是調查敵方的戰壕系統——這是準確砲擊的關鍵前置作業。因此，戰鬥機會被布署來對付偵察機，並且與敵方的戰鬥機交火。後來投彈能力的發展，可以從 1917 年德國對倫敦發動大規模轟炸看出，不過載荷量、準確性和攻擊範圍還是相當有限。當時飛行的設備、環境都還相當原始且危險，降落傘甚至也還沒發明。

「大後方」——
打仗，資源補給最重要

德國的經濟發展有許多困難，包含了低效率的農業部門，以及遠不符合領頭大公司程度的工業活動。**當處於戰爭狀態時，國內穩定性和工業生產至關重要，特別是彈藥和彈殼等前線物資供給**；這使許多大國都開始檢視內部狀況。

隨著戰爭持續，壓力達到史無前例的新高，國內的反抗聲音也浮出水面，而政敵和對手當然會把握機會，見縫插針。因此，協約國試圖在奧匈帝國內部鼓動民族主義的反對派（特別是針對現今的捷克），而德國在大英帝國內部也有著相同的操作。事實上，他們鼓勵了土耳其發動聖戰，確保穆斯林對英國、法國和俄國懷抱敵意，不過效果很有限。

被占領地區的人民可能會受到嚴苛對待，德國就曾強迫比利時平民在魯爾地區從事苦役。然而，與二戰相比，此刻的行為只不過是九牛一毛。

1916 年復活節起義

這場愛爾蘭對英國的小規模暴力抗爭，發生在 1916 年的都柏林，大約有 1,200 人被迅速鎮壓；相較之下，有更多愛爾蘭人志願加入英國軍隊。然而，1918 年英國試圖在愛爾蘭擴大徵兵，再加上對戰爭的疲憊，更激發了當地人對民族主義的支持。

復活節起義在愛爾蘭作為國家認同的概念／迷思上，扮演重要卻又具有誤導性的角色——無論好壞，第一次世界大戰對許多國家的建立來說都非常關鍵。英國在 1917 年的《貝爾福宣言》支持了猶太人定居巴勒斯坦，建立以色列；不過此舉充滿爭議性，而針對該議題的對立與衝突也不斷加深。

亞美尼亞種族滅絕

雖然不及接下來二戰的規模，但當時也有許多對待平民的暴行，例如 1914 年德國對比利時平民的屠殺，以及無限制潛艇戰術。然而，受到最殘酷對待的是 1915 年土耳其境內的亞美尼亞人。

土耳其政府擔心亞美尼亞人的身分認同會與俄國入侵者呼應，進而顛覆國家政權，於是開始了大規模屠殺，並將許多亞美尼亞人驅逐到乾旱的沙漠地區等死。土耳其的種族主義與對基督信仰的憎恨，都使其手段愈加激烈；超過 150 萬人被殺，他們的土地也遭到沒收。美國駐埃爾祖魯姆（土耳其東部城市）的領事雷斯利・戴維斯（Leslie Davis）回報道：「土耳其人留下了孩童和美麗的年輕女性。即便沒有面對更殘酷的命運，他們也會淪為奴隸。」

一戰帶動女性參政權

戰爭會為社會帶來相當劇烈的改變。傳統概念受到質疑，社會習慣也會因為高度通貨膨脹、稅金提高、配給制度、男性奔赴前線、女性投入職場、工會主義等因素影響。既有的菁英階層、中產階級的政治和經濟特權與地位，都可能受到認同或挑戰；整個國家的穩定性也有可能遭到威脅甚至破壞。

當時女性在戰爭期間對經濟貢獻

良多，主要在於大後方的工廠作業，這也讓英國在 1918 年擴大女性的參政權，**但男女的地位平等，要到 1928 年才會實現**。也有些人認為，英國女性之所以可以投票，是為了對抗當時潛在的激進立場——他們企圖拉到所有勞工階級男性的票。

其他地區的女性，例如加拿大（1918）、德國（1918）、奧地利（1919）、荷蘭（1919）和美國（1920）

▲美國女性參政。第19項修正案在1920年正式批准，賦予女性投票權。在南方最保守的區域中，田納西成為關鍵的第36州。伍德羅‧威爾遜（Woodrow Wilson）總統是女性參政重要的支持者，而國會中的共和黨普遍比民主黨更為支持。

也得到投票權，這被視為社會進步的象徵。然而，有些國家發展的步調較為緩慢，特別是天主教國家。舉例來說，法國女性直到 1944 年才能投票，阿根廷則是 1947 年。

1917 俄國革命
共產主義蔓延的起源

在二月革命推翻羅曼諾夫王朝後，俄國試圖建立西方式的民主體系；然

激起情緒的「大內宣」

對於國內陣線的憂慮，讓許多國家開始發展穩定人心的宣傳品；除了印刷品之外，還多了影視的應用。宣傳通常會針對反對派的罪行，例如德國對於比利時公民的暴行，以及德國對於客輪的攻擊。當然也有道德呼籲或其他更具體的目的，例如鼓勵民眾購買戰爭公債。隨著戰事拉長，這類的宣傳也越來越常見。

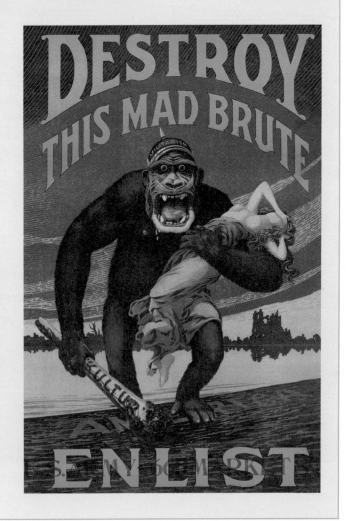

▶ 1917 年美國藝術家哈利・萊爾・霍普（Harry Ryle Hopps）設計的海報，利用德國帶來的威脅，激起民眾反德情緒。

而，與德國之間的漫長戰爭也在不斷持續，戰爭帶來的負擔和失敗，連帶貶損了前者的成效。

革命家弗拉迪米爾‧列寧（Vladimir Lenin）於 10 月發動共產主義政變，建立了激進的政府，讓俄國與德國的戰爭在 1918 年告終。共產黨政府在血腥的衝突中鞏固了統治，俄國內戰則大約在 1921 年結束。

和一戰相比，俄國革命的規模和對國內造成的傷害都更甚一籌。共產黨遭受保守主義者、白軍的保皇派、綠軍的俄國農民軍、非俄羅斯的分裂主義者（例如處於帝國轄下的拉脫維亞人和烏克蘭人），以及外國勢力，如英國、法國、日本和美國的反對。

共產黨的殘酷頑強是他們勝利的關鍵。他們將企業國營化，控制糧食穀物，實施高壓獨裁統治，同時暴力鎮壓反對勢力，其中也包含了左派的反對者。共產主義的心態，在很大程度上是無止境、不受約束的鬥爭。

他們也因為控制了莫斯科和聖彼得堡的權力中心而得益，而反對派間的過度分化更是火上加油；外國勢力的介入則缺乏持久性和規模。

勢不可擋的蘇維埃終止了烏克蘭和高加索地區的獨立運動，但在芬蘭、波蘭和波羅的海地區則沒有那麼順利。而在 1920 年對波蘭的敗仗，也重新劃定了東歐的國界。

祕密警察，階級鬥爭的幫手

共產黨能大規模使用恐怖手段操控人民，主要可以歸功於 1917 年 12 月成立的祕密警察組織：全俄肅清反革命及怠工非常委員會，簡稱「契卡」。契卡的業務範圍包含任意監禁、集中營、大規模嚴刑折磨，以及屠殺疑似的敵人。

有些人認為史達林（Joseph Stalin）從 1924 年開始的獨裁統治，改變了俄羅斯／蘇維埃共產黨的方針，使其更加偏執和暴力；然而，這個論點無疑忽略了共產黨「打從一開始就是如此」。契卡的創辦人費利克斯‧捷爾任斯基（Felix Dzerzhinsky），熱烈擁護階級鬥爭的實施，造成了許多血腥傷亡。他的雕像矗立在國家安全委員會（KGB）總部外，一直到 1991 年才因為民意壓力而移除。

天主教和共產黨的冷戰

共產黨員都是堅定的無神論者，反對教權。在內戰期間和 1920 年代，東正教會遭到摧毀，成千上萬名神父和僧侶遭到屠殺，而教堂、修道院和許多聖人的墳墓都遭到褻瀆。

因此，雖然東正教信仰持續存在，但俄國的宗教情勢和人民的心理狀態都已經改變。相反的，在波蘭和立陶宛，天主教信仰在成功對抗共產黨中扮演重要的角色。事實上，**20 世紀中最受到低估的歷史面向，應該就是天主教信仰和共產主義之間的冷戰。**這樣的情況一直持續到蘇聯瓦解為止。

▌凡爾賽和約
為期 20 年的「停戰協議」

第一次世界大戰後簽訂的和約，

▲俄國革命者列寧在 1917 年 10 月對群眾發表演說。他從 1917 年開始領導殘暴血腥的蘇聯政府，直到 1924 年逝世為止。

讓許多國家的領土出現重大改變。德國割讓土地給法國（亞爾薩斯－洛林區，Alsace-Lorraine）、波蘭、比利時、丹麥和立陶宛；然而，**最主要的變化是奧匈帝國的瓦解**。首先是捷克斯洛伐克與南斯拉夫建國，接著塞爾維亞也得到擴張，從瓦解的帝國分得克羅埃西亞與斯洛維尼亞。

由於南斯拉夫的建國，而民族自決原則也受到美國總統伍德羅·威爾遜等人的大力支持，義大利只從奧地利得到一點點領土。波蘭從奧地利、德國和俄國處得到許多土地，因此得以從 1795 年以來第一次獨立建國。

民族自決的原則顯然對於舊帝國充滿破壞性，卻也無法解決新興國家帶來的所有問題，其中有部分的原因是**對於「國家的定義」沒有共識**。有些地區舉辦了公民投票，例如奧地利－南斯拉夫、奧地利－匈牙利與丹麥－德國的邊境地區。

在這段波動的時期，地圖上的許多界線也重新劃分，有些提議通過，有些則遭到否決。舉例來說，捷克提出計畫建立廊道，連結捷克斯洛伐克與南斯拉夫，成為泛斯拉夫聯盟，能

在德國與匈牙利民族主義者間扮演緩衝；然而，這項提議最終也遭到否決。

民族自決並未應用在歐洲以外的地區，否則可能破壞帝國的統治。相反，戰勝國劃分了德國的海外領地，以及土耳其在阿拉伯地區的土地。英國掌控了現在的伊拉克、約旦、以色列和坦尚尼亞；法國接管敘利亞、黎巴嫩、喀麥隆與多哥；南非控制了納米比亞；澳洲、紐西蘭和日本則得到了德國在太平洋的領土。

技術上來說，新的「殖民地」是國際聯盟的授權，是一種代替殖民的「託管」狀態。管理的權力會受到國際聯盟的託管委員會監督，而**託管的狀態則是為獨立進行準備，伊拉克獨立就是個例子**。

德國還必須支付賠償金（對於戰爭傷害的補償），正如德國在 1871 年對法國的索取，而德國的軍隊發展也受到限制——克虜伯公司必須停止生產軍武。

和平條約的設計是為了預防德國發動新的戰爭，並且確保其他國家的安全。德國也必須接受在法國與比利時邊界，建立占領區和非軍事區，為

了防止德國將萊茵河當作策略性防禦的前線。

　　雖然曾有提議將德國分割，恢復成 1871 年統一前的狀態，但最後並未實行。以地緣政治的角度來看，**戰後和約反而讓德國在東側面對許多脆弱且分裂的國家**——這些國家都沒有能力制衡德國強大的力量。雖然意識形態不同，但也有人提及德國與蘇聯結盟可能的造成威脅。

▲ 1919 年簽署《凡爾賽和約》。與 1871 年普法戰爭後的羞辱和約相呼應，《凡爾賽和約》實質上和象徵性的代表了協約國的勝利。雖然許多問題都暫時得到解決，但錯綜複雜的國際關係使和平轉瞬即逝。

五四運動：爭主權、除國賊

　　1910 年代新建立的「共和中國」（republican China），對於追求復興自強的方式，更向西方文化傾斜了，而傳統以智慧與知識治理國家的理想也是如此。1919 年，為了對抗日本的土地掠奪而發起五四運動，要求改革並推動重視科學和民主的新文化，讓中國的民族主義得到了新的能量。民族主義的運動改變了中國的軍閥分治。中國共產黨事後宣稱自己是該運動的發起人，近代中國史於焉展開。

▲五四運動發生於 1919 年，反對帝國主義，包含了許多學生運動，例如在這張照片中，學生燒毀了日本的貨品。

西班牙流感
其實不是來自西班牙

這場傳染病始於 1918 年初，由 H1N1 型流感病毒造成，稱為「西班牙流感」（此名稱來自錯誤的認知，以為西班牙是疫情最慘重的地區）[5]，席捲了整個世界。疫情的致命高峰出現在 10 月，**總共造成約 5 億人染病，約占當時地球人口的三分之一**，而估計的死亡人數則在 1,700 萬到 1 億人之間。

西班牙流感有兩波大流行，第二波由 1918 年 8 月開始。至今疫情消失的原因仍不得而知。病毒株變異使致死率降低或許是原因之一，但更有效的肺炎療法大概也助了一臂之力。

疫情的起源仍有爭議，其致命性也是。**西班牙流感病毒能快速征服人們的免疫系統，或許是受益於當時的環境**，也就是一戰造成的問題──食物短缺、過度擁擠的戰爭營區和醫院。年輕人特別容易受到感染，其中又以懷孕的女性為甚，大部分的死亡都是細菌性肺炎等感染造成。

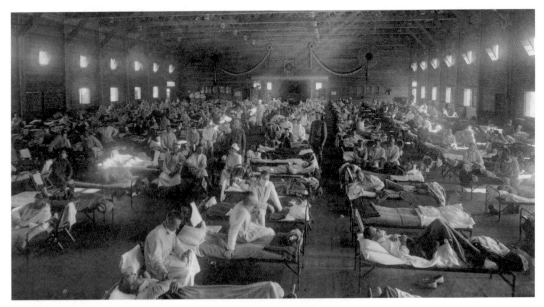

▲ 1918 年西班牙流感的流行期間，建立於堪薩斯州福斯頓軍營的緊急醫院。

---

[5] 編按：一戰的主要參戰國為了避免影響士氣，嚴格管制媒體報導疫情；保持中立而未參戰的西班牙王國，並未實施戰時審查制度，因此大幅報導流行病在當地的影響。事實上目前的資料並不能確定此大流行的起源地。

國際聯盟
美國不加入，註定了失敗

戰後簽署的《凡爾賽和約》，包含了國際聯盟的建立，這個國際組織的規模前所未見，而最初成立的目的是維護和平。然而，**美國國會因為害怕民族獨立的侵蝕**，所以無視威爾遜對國際聯盟的贊助（反映了他的國際主義），**阻止美國成為會員。**

國際聯盟的目的，是確保和平條約的簽訂並仲裁國際紛爭。國聯盟約的第十章規定，成員國同意「尊重並保護所有會員國的土地完整性和既存的政治獨立性」，第十六章則針對任何發動侵略的勢力提供立即的經濟、社會（以及可能的軍事）制裁。

然而，威爾遜總統不願意讓國際聯盟建立自主的軍隊，也不願投入美國的部隊（他傾向用經濟制裁作為武器），便造成了國際聯盟的重大缺陷（這點就不能怪在參議院頭上了）。

除了拒絕建立國際聯盟的軍隊，威爾遜也不願與英國和法國成立同盟，因此弱化了這些國家維繫和平協約的能力。威爾遜對於民族自決的支持也難以貫徹，不只是因為國會不肯批准和平協議，也因為強權政治下，地方勢力和歐洲列強的立場不同，而使得實行上困難重重。國際聯盟帶來的崇高期待最終在 1930 年代完全崩盤。

一戰最終也成為了反戰文學及影視的焦點，像是英國電影《多可愛的戰爭》（*Oh! What a Lovely War*）和《黑爵士》影集（*Blackadder*）。澳洲也出現了類似的情況，例如導演彼得‧威爾（Peter Weir）的代表性《加里波利》（*Gallipoli*），透過這場 1915 年的戰爭批評澳洲與大英帝國間的連結。

影片大幅貶低了英國的貢獻，塑造出其無能、懦弱、遲緩的形象，並將澳紐聯合軍團的犧牲歸咎於此。事實也證明，1980 年代的人也已經難以理解是什麼樣的文化、價值觀和社會讓如此大量的人民自願投入戰爭。這也反映出西方價值觀的改變。

更甚者，第二次世界大戰往往被視為「較好」的戰爭，有部分的原因是納粹大屠殺，有部分則是一般認為二戰更為民主。相較之下，1914 年反對德國擴張主義的理由通常都會被遺忘。

▲自由債券（Liberty Bond）於 1917 年在美國發行，以愛國之名，支持協約國在第一次世界大戰期間的戰事。

戰時的世界經濟
美國成為最大贏家

戰爭對參戰國家的經濟都造成龐大的壓力,無論是生產力和資源方面皆然;然而已經相當強盛的美國,是這場戰爭的最大受益者。

歐洲列強(特別是英國),為了要支應戰爭的成本,出售了許多海外投資,而這更幫助美國控制其國內經濟。**英國在拉丁美洲大部分的經濟利益都被賣給美國。**英國積欠了沉重的戰爭債務,但最終也順利付清。

歐洲經濟的混亂,再加上製造業都投入戰爭物資,刺激了其他地區的製造業發展,從中獲利最多的就是美國;英國的戰爭支出對美國經濟和工業資源的依賴急遽增加。日本則是另一個主要受益者,其中一部分是運輸的大幅擴張。而在大英帝國內,包含印度的自治領(Dominions)和殖民地,在經濟上的獨立程度也出現變化。

1920 年代的「瘋狂年月」（Années folles）。巴黎夜店在當時成了
新文化的搖籃，女性自由是這種生活模式的重要面向，她們時常會
選擇男孩子氣的外表，穿寬鬆的衣服、留短髮、在公共場所抽菸……
都象徵著對於舊傳統的否定和拒絕。

第三章
保守與分裂
1920 年代

　　1920 年代，可以明顯看見世界逐漸從混亂中恢復，其中包含了數百萬因為西班牙流感而喪生的人們。西班牙流感起初只是東亞地區的流行病，其傳播也反映了世界各國間逐漸加深的連結。

　　1928 年，東亞、中東和歐洲的情勢大致和平安定。於此同時，一戰前的政治、經濟、社會秩序，都已經消失，世界各地充斥著改變的壓力。蘇聯領導人列寧認為蘇聯必須挑動殖民地的人民起義對抗西方帝國，而他們的確也這麼做了。

咆哮的 1920
反傳統、實用主義的興起

許多人宣稱，《凡爾賽和約》種下新的戰爭種子；然而，事實卻遠不是如此。**此和約在 1920 年代所建立的國際體系，其實比 1930 年代運作更為順利**（至少從西方利益的角度來說是如此）。

然而，這不代表歐洲各個國家內部都非常穩定，國際間的緊繃關係也所在多有。當然，這些情況在 1914 年前就已經存在，但先前的衝突經驗讓戰後的情勢更加一觸即發。

許多國家都遭受極嚴苛的對待，例如匈牙利，在劃定國界時完全罔顧種族認同問題，讓許多匈牙利人被歸入捷克斯洛伐克、羅馬尼亞及南斯拉夫。然而，在許多國家中，反對《凡爾賽和約》的人都缺乏政治號召力。

因此，我們不能完全把希特勒（Adolf Hitler）崛起的原因歸於《凡爾賽和約》。希特勒否認《凡爾賽和約》，以及其試圖建立的國際體系；而他在

1920 年間，也只是邊緣的政治人物，且極左派和極右派在當時的德國都無法取得成功。

相對的，1920 年代的「現實政治」（realpolitik）[1]較為人們接受，並且得利於當時國際關係的理想主義潮流——1923 年到 1929 年間的德國外交部長古斯塔夫·施特雷澤曼（Gustav Stresemann）協助《凡爾賽和約》穩定實行；1925 年的羅加諾公約（Locarno Treaties）確保了西歐各國間的和平，而德國也在 1926 年加入國際聯盟，重新融入新的外交秩序中。

於此同時，國際聯盟也發揮其化解國際危機的功能，並且反對蓄奴等議題——衣索比亞在 1923 年同意禁止蓄奴和奴隸貿易後，才獲准加入國際聯盟，而在 1935 年義大利入侵之前，衣索比亞已經幾乎完全廢除奴隸制度。

1926 年，國際聯盟確定實行廢除奴隸與奴隸販賣公約，象徵著國際上對奴隸與其販賣的廢止。然而，**在公約起草時，奴隸的定義排除了納妾制和強迫勞動，後者是為了避免帝國的**

---

[1] 編按：普魯士王國首相俾斯麥（Otto von Bismarck）提出，當政者應以國家利益為最高考量，不受到感情、道德倫理觀、理想、甚至意識形態的左右。

勢力在殖民地發生問題。

　　1925 年和 1931 年，國際聯盟也針對毒品管制問題做出重大協定，先前也已經在上海成立了萬國禁菸會[2]。國際聯盟的國際勞工組織也希望能規範移民問題——其中的「少數族群部門」就是專門負責移民的照護及福祉。

　　有些人認為，1920 年代的國際秩序假如能持續下去，1930 年代大蕭條所帶來的失敗、保護主義、悲劇和極端主義就不會造成如此大的傷害；不過有部分的原因是，**國際主義、自由主義、民主和自由市場的資本主義，能持續對選民和政府保有較高的吸引力。**

　　然而，只要一旦否定了這樣的「自由」，歐洲的極端分子就能訴諸一戰後判決所帶來的憤怒和怨氣，更別說這樣的情緒，早已從戰爭爆發前就廣泛傳播的「反自由主義」中，得到更多能量。

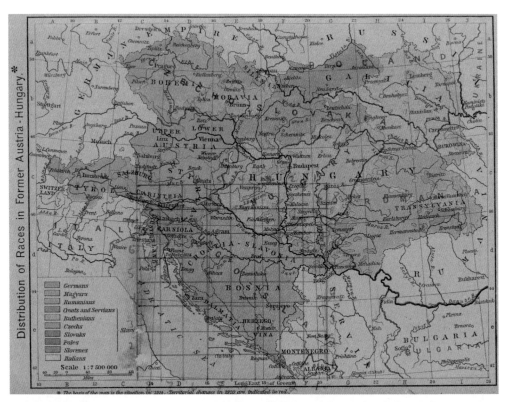

▲奧匈帝國瓦解後，1914 年和 1920 年間的重大國界變化，其裁定和實施皆無視於族群的分布。

[2] 編按：第一次國際禁毒會議，促成了首部禁毒公約——《國際鴉片公約》（1912 年）。

孤立主義的美國
種族歧視、組織犯罪都因此強盛

一戰爆發讓 20 世紀初期，美國社會和政治文化中的自由進步主義踩了剎車，這樣的進步主義反對巨頭壟斷經濟；相對的，戰爭後興起的保守主義反映了對社會主義的敵意，並擔憂俄國革命可能的影響。因此，美國在 1920 年代，重視的是美國本身和「不干預主義」。然而，我們也不能將其視為完全的右派，因為這樣就否定了曾經影響深遠的進步主義。

於此同時，美國境內充斥著社會的對立和緊繃。這在 1919–1922 年間尤其嚴重，當時勞資衝突達到高峰，進而產生更廣泛的政治和種族對立。

▲ 1919 年芝加哥種族暴動期間的反黑人運動，照片裡丟擲石頭的人們，反映了一戰後社會充斥的種族主義和經濟壓力。

其中包含了強烈的種族暴力，特別是芝加哥和底特律等北方工業城市中，對於黑人勞工（大部分來自南方）的敵意。

針對移民問題的無政府主義及極端主義也日益嚴重，並導致政府採取鎮壓行動。1920 年代，新到來的「白種人」只要願意遵守既有的標準，就能被接納。這不只是為了回應移民問題，也是極左派明顯挑戰帶來的結果。事實上，軍方甚至提出了「白色戰爭計畫」（War Plan White）[3] 來預防左派的起義。

華倫·哈定（Warren Harding）、卡爾文·柯立芝（Calvin Coolidge）和赫伯特·胡佛（Herbert Hoover），從 1921 年到 1933 年間的歷任共和黨總統，都從反對變革、移民和城市生活的決定中受益，這也強化了所謂的「白人新教價值觀」（white and Protestant values）。相較之下，天主教徒卻受到類似次等公民的待遇。

1928 年總統大選的民主黨候選人艾爾弗雷德·史密斯（Alfred Smith）就因為天主徒的身分而受挫[4]，身為紐約州長的他被認為太過「都市人」。雖然在芝加哥和波士頓受到大力支持，卻無法在紐約州的郊區贏得民心。

都市化生活的風潮，也直接促成了「禁酒令」（1920–1933）[5]，這是當時文化戰爭的焦點。禁酒令將原本屬於日常的活動定罪化——然而這卻帶給犯罪組織新的機會，其中最有名的就是殺人如麻的幫派領袖——芝加哥的艾爾·卡彭（Al Capone）。然而社會發展可能受到各種因素的影響，進步主義運動同樣也影響了禁酒令。

幫派犯罪在美國歷史中扮演的角色，影響了往後所有的毒品和犯罪問題。而在某種程度上，其成長也要特

---

[3] 編按：美國在 1919–1941 年間，以顏色為代號的眾多戰爭計畫之一。白色為針對內亂和抗議的軍事計畫。

[4] 編按：他是首位信奉天主教的民主黨總統候選人，後於選舉中敗給胡佛。1960 年約翰·甘迺迪（John F. Kennedy）成為美國首位信奉天主教的總統。

[5] 編按：新教徒激進分子利用酗酒、家暴等問題，發起禁止酒精的運動，並藉此削弱政治上的反對力量。

別感謝報紙和影視的強烈興趣。

由於對犯罪的恐慌和其他指控，移民受到 1921 年的《緊急配額法案》（*Emergency Quota Act*）和 1924 年的《移民法案》（*Immigration Act*）所限制。**一直到 1960 年代以前，「WASP」（白人盎格魯－薩克遜、新教徒）都還是主流價值**——和後來的美國大熔爐理論毫無關聯。

孤立主義不只是拒絕加入國際聯盟，同時也是反抗變革的其中一個面向。這種對於改變的反抗也導致了反黑人、種族主義的 3K 黨在 1921–1926 年間復興。如同組織犯罪，這樣的復興也提醒了我們 20 世紀歷史的各種層面。以國家為中心的敘事，就可能會選擇對這些地方輕描淡寫，而低估了其對於整個國家的重要性。

▲ 1920–1933 年間的禁酒運動中，人們傾倒酒精飲料。當時政府禁止酒精的生產、進口、販售和運輸。不過，這卻導致組織犯罪的崛起，並讓共和黨失去其政治優勢。

▲種族主義 3K 黨的復興，反映了 1920 年代美國強烈的本土意識。3K 黨直接反對移民、天主教徒、猶太人及非裔美國人，不只在南方發展，中西部也勢力龐大。

美國帝國與加勒比海地區

雖然與國內政策沒有直接的因果關係，但美國也決心要控制中美洲和西印度群島的「非正式」美國帝國領土。然而，這比預期中的困難許多。在海地、多明尼加共和國和尼加拉瓜，美國海軍發現面對民兵游擊隊時，很難占到優勢。以尼加拉瓜的狀況來說，美軍發現比較輕鬆的做法是，依賴當地的附庸勢力。然而，如此一來也有可能失去完整的控制權。

被忽略的拉丁美洲

除了美國干涉主義的討論外，拉丁美洲在 1920 年代並未引起太多關注。但當地情勢的緊張程度也不低，

有些問題存在已久，特別是種族、社會與政治的歧視。例如墨西哥索諾拉省在 1926 年對政府的反抗。

意識形態在墨西哥也扮演重要的角色，特別是 1927 年的基督戰爭（Cristeros War）。這場以天主教為中心的起義，目的是對抗實施土地改革並打壓教會的墨西哥政府。反抗人民採取游擊戰，使政府軍隊雖然能控制城鎮和鐵路，對於鄉村卻無能為力。最終政府和教會在 1929 年達成停戰妥協，但那時戰爭已造成七萬多人喪命。就像整個拉丁美洲一樣，這一部分的歷史也通常會被世人忽略。

軍閥中國
完成北伐後，麻煩才要開始

這時的中國由脆弱的中央政府與地方軍閥組成，雙方大規模的衝突破壞了中國在 1920 年代早期和中期的穩定。然在 1926–1928 年間，除了滿洲

▲ 1929 年，被俘虜的天主教起義者在墨西哥北部的火車站遭受看管。

國之外的大部分地區都受到國民黨或
民族主義運動的掌控，而其領導人就
是蔣介石。

　　蔣介石是一位軍事領袖，從孫中

山手中接下領導地位，可以說是最成
功的軍閥之一。蔣介石成功的部分原
因，來自允許國民黨與各省的權力掮
客共享權力。

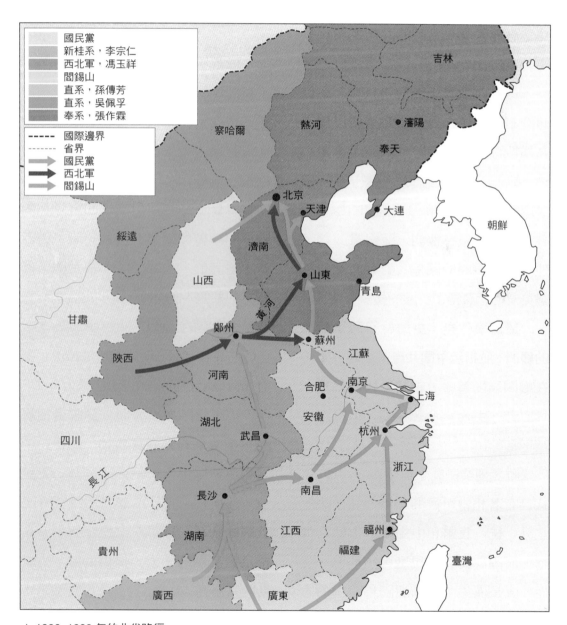

▲ 1926–1928 年的北伐路徑。

1926 年，蔣介石領導北伐對抗各軍閥期間，**從蘇聯得到了顧問、金錢和裝備上的援助**，其中包含了飛機。然而，**蘇聯會提供援助，主要只是作為支持中國共產黨長期計畫的一部分。**史達林非常樂見當時的共產黨與民族主義運動者結盟，形成統一戰線。

1927 年收復上海與南京後，準備蔣介石回過頭來對付當時主要以都市為據點的共產黨。蔣介石認為共產黨心懷不軌，所以在血腥的「清黨」中痛擊共產黨。他的目標除了脅迫和打擊軍閥外，也包含領導他們，而清黨改善了他與軍閥之間的關係。對共產黨的打擊更幫助他贏得了英國的接納。

清黨事件後，史達林召回了蘇聯的顧問，並指示中國共產黨組織紅軍，在鄉間展開革命，試圖取代國民黨。1927 年，共產黨發起叛變，但很快就被平定。

雖然衝突不斷，但中國在 1920 年代仍有著相當可觀的經濟成長。除此之外，統一貨幣和中央銀行也建立推行，而國內貿易的稅金則被取消。然而，成長僅集中於滿洲國和沿岸的省分，其他地區的影響相當有限。這反映了中國長期存在的區域差異問題，且在近年來依然存在。

真正的冷戰
從俄羅斯內戰就開始

蘇維埃聯盟的理念和核心政策，不斷對國際體系造成強大的威脅。從這個角度來看，我們甚至可以說冷戰從俄羅斯內戰就已經開始了，而不像一般認為的始於二戰之後。

事實上，美國和英國的軍隊在內戰期間就曾與蘇聯共產黨對戰。面對資本主義的「攻擊」，蘇聯試圖阻礙西方的擴張，例如 1920 年在亞塞拜然共和國舉行的「東方被壓迫民族會議」（Congress of Peoples of the East），探討如何串聯對抗帝國主義的勢力。

更廣泛的角度來說，**蘇聯會招募並布署未來的共產黨領袖。**蘇聯對中國和伊斯蘭世界，例如土耳其、伊拉克、波斯和阿富汗的影響，都威脅了英國的利益。蘇聯在上述每個國家支**持反對英國的勢力、提供武器，**更幫助阿富汗在 1919 年對英國發動戰爭；他們也資助土耳其的民族主義者，成

功在 1920–1923 年間對抗英國。

除此之外，協約國對於俄羅斯內戰的干預失敗，更鼓舞了這些國家的抗英勢力。1919–1922 年間英國在伊斯蘭世界的野心受阻，蘇聯是其中一個因素，不過民族主義的反抗勢力更為重要；**蘇聯從反對英國的民族主義中嚐到甜頭，並試圖持續利用和塑造這種反對派。**

1924 年在列寧死之後，史達林與列夫·托洛斯基（Leon Trotsky）便開始爭奪局勢的主控權。喜怒無常的托洛斯基堅定支持「革命的意志」，並在 1926 年指控史達林是「革命的盜墓者」。實際上，當時史達林也不再推動以莫斯科為中心、幫助啟發世界的革命，或貫徹戰爭手段以確保共產黨成功；相反的，他更重視蘇聯的實際利益。

托洛斯基在 1929 年遭到驅逐，

▲美國的軍隊行經海參崴附近。這是國際對於俄國內戰失敗的干預行動之一。

1937 年判處死刑，1940 年於墨西哥被蘇聯特務刺殺。當時，所有受指控為托洛斯基主義者的人都遭到清算。多疑的史達林殘酷屠殺所有他認定為敵人的對象。與此同時，蘇聯的宣傳，以及共產國際（Comintern）[7] 活動，都早已超過可接受的外交範圍。

土耳其改革
擺脫宗教，建立身分認同

土耳其在一戰中落敗，因此被迫遵守 1920 年《色佛爾條約》（*Treaty of Sèvres*）的沉重義務，其中一部分是割讓國土給協約國 [8]。而在國父穆斯塔法·凱末爾·阿塔圖克（Mustafa Kemal Atatürk）的領導下，他們發動民族起義，驅逐了占領者。

隨後土耳其在 1923 年的《洛桑條約》（*Treaty of Lausanne*）中，取得了較令人滿意的條件，並且建立土耳其共和國。伊斯蘭教的哈里發於 1924 年被廢除。凱末爾在 1923 年到 1938 年間擔任土耳其總統，推動現代化、世俗主義 [9]、西化運動，並且在 1937 年化解了區域性的分裂主義問題（特別是庫德族）。

除了世俗主義外，凱末爾為共和國建立的威權主義模式仍持續至今，而青年土耳其黨人（Young Turks）在更早之前推廣的理念亦然，其中包含了對於非土耳其人的敵意，例如共和國中的亞美尼亞和希臘人。

對於非土耳其人的大規模暴行和驅逐，也包括摧毀教堂和其他具紀念性、實用性的歷史遺跡。土耳其在 1922 年從希臘手中奪回士麥那（Smyrna，今稱伊茲密爾）後，燒毀了其他大部分的城市。所有倖存的基督教男子只要達到從軍年齡，就會被送往土耳其內地，而其中多數遭到殺害。

為了建立土耳其的身分認同，他們必須拋棄土耳其語言中來自阿拉伯及波斯文的部分。凱末爾強制將文字

---

[7] 編按：又稱第三國際，為了處理各國共產黨獨立問題而設立。

[8] 編按：此條約使土耳其失去超過 70% 的土地。

[9] 編按：在社會和政治活動中，擺脫宗教組織控制的主張。

▲ 1921 年 9 月，在土耳其戰壕中的希臘士兵。他們從愛琴海岸地區推進到土耳其內陸的安那托利亞高原，最後被打敗並驅逐。

從阿拉伯文轉換為拉丁字母，並且採行西方的法律和法理學，強調教育（包含女性的教育）及提升識字率。

伊斯蘭世界
石油，是這裡受西方關注的原因

土耳其並不是唯一一個努力避免受西方帝國控制的國家。波斯的李查汗（Reza Shah）和凱末爾一樣是個軍頭，在 1921 年透過政變奪權，推翻卡札爾王朝（Qajar）的統治。

一戰後，波斯的中央權力被分散各地，而李查汗再次統一了國家。同時，他也改變了國家與部落間長久以來的平衡狀態，除了優秀的領導能力、新興科技帶來的機會（特別是裝甲車），最後則是英國發現波斯蘊藏了豐富的石油，他便不再願意支持先

前的部落統治。

李查汗發現君主制的吸引力，又看見索古一世（Zog I）的前例[10]，於是在 1925 年建立了巴勒維王朝（Pahlavi）。相對的，阿富汗 1929 年的阿曼諾拉汗（Amanullah Khan）雖然也建立新國家，卻因為缺乏英國的支持，最後被部落的反對者給推翻。

在阿拉伯地區，土耳其的統治和影響力崩潰後，部落領導人紛紛爭權奪利，幾個大家族也想取得半島的統治。伊本·沙烏地（Ibn Saud）利用伊斯蘭基本教義派「瓦哈比運動」（Islamic Wahhabi movement）的力量與決心，在 1932 年建立沙烏地阿拉伯，這項成就也屹立至今。他在 1919–1925 年間打敗對手哈希姆家族（Hashemite）及地方上的反對勢力，但沒能在 1930 年代中期征服葉門。

這些國家不同的軌跡都提醒著我

◀伊本·沙烏地結束了數十年的武裝衝突，建立沙烏地阿拉伯，並且從 1932 年擔任國王，直到 1953 年逝世。建立沙烏地阿拉伯，相當大的程度上受益於土耳其帝國的崩潰。

---

[10] 編按：阿爾巴尼亞共和國的第 11 任總統，後來成為阿爾巴尼亞王國的國王。

們，各種發展都是有可能的。雖然中央集權的民族主義者將武力視為整合的力量來源，不過整合勢力、敵對部落也是相當重要的一環，每個國家的情況都不太相同。石油重要性提高、西方干預政治與經濟，都加深了國際社會對於波斯、伊拉克和沙烏地阿拉伯等地的關注。

印度
蘇聯的反帝國主義，在這行不通

1920 年代以來，印度對於大英帝國的反抗越來越強烈，例如 1919 年的全面罷工和 1920–1922 年間的不合作運動；後者由聖雄甘地（Mahatma

▲不合作運動。與中國的五四運動相似，印度從 1920 年開始由聖雄甘地發動民族主義起義；但這對英國統治的挑戰較小，因為印度與英國的合作廣泛普及於許多層面。

Gandhi）領導，他有效的推動和平抗議，並批判了英國的統治：

> 「這是一個詛咒。系統性、漸進性的迫害，使得數百萬人民陷入貧窮……這讓我們在政治上成為農奴，削弱了我們的文化根基……並且在精神上貶低我們。」

然而，儘管英國曾對於 1919 年的暴動做出血腥且不合比例的處置（令人髮指的大屠殺）[11]，但仍然能在不依靠武力的情況下維持控制。事實上，和 18、19 世紀初期相比，**印度在 20 世紀初期的局勢更為穩定。而英國官員雖對蘇聯發起的顛覆活動感到緊張，不過這樣的情況早在共產黨之前就已經存在；就如同印尼的情況，蘇聯對反帝國主義的策動並未獲得成功。**

◀ 1922 年 10 月的「向羅馬進軍」，這是墨索里尼（Benito Mussolini）奪權的關鍵事件。他向國王維托里奧・埃馬努埃萊三世（Victor Emmanuel III）施壓，而後者無視軍隊的意願，不願意動用武力反抗。

---

[11] 編按：阿姆利則慘案，造成約 1,000 名印度人死亡。

墨索里尼和義大利法西斯主義
資本主義和勞工之間的第三勢力

墨索里尼領導的法西斯主義，利用了對於和平協約的不滿，於 1922 年取得義大利的統治，而有部分的原因是出於對義大利自由主義的厭倦。

墨索里尼建立了獨裁政府，展開浮誇的現代化行動。雖然的確有些許成就，例如清空羅馬附近瘧疾肆虐的蓬蒂內沼澤（Pontine Marshes），但總體來說無法達成最初吹噓的目標。

當時大部分的國家資源，都投注於日益軍事化的對外政策；為了擴張實力，法西斯主義對不同的群體和區域有不同的手段，這有助於使其更加強大、兼收並蓄，也令人感到混亂。隨著時間的推移，它所經歷的變化加劇了這種情況，尤其是經過了權力的洗禮。

鄉村地區的法西斯主義也是重要的一環，而法西斯主義本就起源於小城鎮，最後才發展成深具規模的運動。這反映出和城市相比，鄉村一般來說更為保守，在世界各地皆是如此。

法西斯的擁護者稱之為「第三勢力」：是在資本主義與勞工之間的綜合主義選項，並且擁抱科技，積極追求現代化。然而，即便墨索里尼採取社團主義 [12]，**法西斯主義實際上卻是粗糙而暴力的反社會主義，並傾向與舊有或新興的菁英階級結盟，與勞工階級對立。**

墨索里尼尤其反對自由主義，他推廣的是改革後的現代化，特別反對西西里和薩丁尼亞的組織犯罪；他也支持經濟活動，特別是造船產業。不過，墨索里尼並不知道如何確保理想中改革的發生。

威瑪德國
德國第一次實行共和制度

第一次世界大戰戰敗後，德國的帝國體系崩潰，發生了 1918–1919 年

---

[12] 編按：Corporatism，此政治體制的立法權交給由產業、農業和職業團體選出的代表。

▲戰後德國的政治分裂導致衝突節節攀升。右派的德國自由軍團主要由退伍軍人組成,透過殘酷暴力的手段對付左派敵人。

間的德國革命,成立威瑪共和國。共和國面對許多問題,包含 1923 年的惡性通貨膨脹,以及極左和極右派引發的暴力政治混亂。這是戰後歐洲普遍動盪情勢的一部分。

　　極左派的人希望俄國革命可以在其他地區重演,卻受到反革命團體(例如德國自由軍團)的打擊。軍方和政治當局都支持反革命者,其中又以巴伐利亞和柏林為主,在柏林也發生了武裝的「斯巴達克同盟」起義。

　　1923 年由希特勒策動的慕尼黑政變,是極右派暴力的關鍵事件,不過最後以失敗收場。當時的極右派煽動者希特勒,也因此而短暫入獄。然而,1925 年後,德國情勢漸漸穩定,政治上的極端主義也成功受到控制。

　　社會和政治的緊繃雖然依舊持續,卻無法對各自的秩序造成威脅。現在看來,**威瑪共和國是個充滿動能的社會與文化**,藝術圈和社會自由主義者都相當活躍。經濟體系也出現了

改善,例如在易北河(Elbe)[13]裝設水閘,使其成為更重要的商業樞紐。假如沒有 1930 年代初期的大蕭條,以及隨之而來的大規模失業現象,這樣的穩定情勢或許可以持續下去。

反猶主義,從一戰失利開始

希特勒出生於奧地利,曾經於德國軍隊服役,經歷過第一次世界大戰的壕溝戰。然而,他心裡一直懷抱著錯誤的信念:1918 年的德軍與勝利僅有一線之隔,卻被大後方的叛徒「背刺一刀」,特別是猶太人和共產黨。敗戰助長了他的反猶太主義,火上加油的則是 1918–1919 年間,他在慕尼黑看到的「猶太布爾什維主義」[14]。

他努力想扭轉德國在道德上(他認為)和領土上的戰敗,不過也忽視了有許多德國猶太人參與第一次世界大戰的事實,而認為猶太人是反對德國背後的積極勢力。

希特勒在著作《我的奮鬥》(Mein Kampf)中,錯誤的將共產黨描繪為猶太人,作為達成目標的煙霧彈,他宣稱:「德國的布爾什維化……指的就是徹底消滅整個基督教－西方文化」,並且認為東歐是德國擴張主義找到「Lebensraum」(生存空間)的地方。因此,希特勒意圖擴張德國的勢力,並且重新塑造他心目中更強大的人民與國家。

希特勒在當時的背景下格外危險,而且他背後有強力的支持者。面對激進主義的威脅,保守派(特別是德軍位於慕尼黑的資訊部門)希望利用他來與左派抗衡。

傳播的工具
電影崛起,連史達林都是好萊塢影迷

與印刷媒體相比,收音機和電影能更直接的接觸到觀眾。這兩者都能提供最新的內容,並且在滿足市場需求的同時持續擴張。1914 年,英國曼

---

[13] 編按:中歐地區主要航道,有一稱為「歐洲心臟」。

[14] 編按:暗指猶太人策畫俄國革命,主導了國際共產主義運動。

徹斯特就有 111 處經營場所擁有播映電影的執照。即便是比較鄉下貧乏的林肯郡，在 1913 年也有 14 處。1920 年代開始，大量的電影院出現，產業鏈也隨之建立。此後，看電影就成了

不同階級都能從事的娛樂活動，大部分的原因或許是電影提供了逃離現實的機會。

電影在勞工階級的地區特別受歡迎，和已婚男性相比，女性更喜歡電

▲三人歌手團體「Brox Sisters」，1920 年代中期在美國登上廣播節目。她們不只在百老匯登臺，也製作廣播內容，從 1928 年開始拍攝有聲短片和一些錄音作品。

影，不過極度貧窮者依然負擔不起。看電影就和男性到酒吧或勞工俱樂部一樣平常。和年長者相比，年輕人也比較喜歡去電影院。

他們深信，**看見迥然不同的生活片段，可以讓人們重新思考甚至顛覆既有的信念，其中又以對獨立女性的描繪為甚**。顯而易見的，和收音機、廣播相比，電影對時尚、服裝、髮型、舉止和語言方面的影響更加深遠。

廣播，文化統一的手段

廣播是一種多功能的溝通方式，能將節目內容帶進家庭、辦公室和工廠中；這是一種新的消費主義形式。**廣播成了全國性對話的媒介，從而成為文化統一的手段**。廣播改變了社會的本質，就像汽車和飛機一樣。事實上，聲音成了更重要的度量模式和研究主題。**廣播也開啟了新的廣告模式，能將內容傳送給新的受眾。**

除此之外，廣播也改變了既有的通訊服務。1860 年代時，英國推出船隻的暴風雨預警系統，使用的是電報系統。1921 年開始，康瓦爾郡波爾杜（Poldhu）的無線傳播站，一天會傳播兩次英國西部海岸的航海訊息。從1924 年起，位於倫敦的強力發射器每天則會播送兩次天氣預報。

1926 年，英國到加拿大的國際無線電廣播服務也開始運作。最初的長波廣播科技必須以短波補足，而後者在 1920 年代初期開發。短波速度較快，較集中的訊號能讓傳播更可靠，運作的經費也較低廉。1930 年代便開始以電晶體取代真空管，讓收訊更加改善。

我們活在公開宣傳的年代

1928 年，前法國外交官朱爾斯・康朋（Jules Cambon）在《外交官》（*Le Diplomate*）一書中寫道：「我們生活在任何事都會公開宣傳的年代。如今的外交官和曾經參與維也納會議的前輩們相比，已經截然不同。」

▲《淘金記》（*Gold Rush*）中的卓別林。好萊塢聚集了全球的人才，他們透過電影提供一種國際語言，塑造出前所未的見影響力。連史達林都是好萊塢電影的影迷。

好萊塢開始影響世界

1920 年代，英國與德國都是重要的電影發展中心。然而，**電影世界也反映了美國經濟和文化的崛起，而好萊塢的藍天和大地，就成了全球電影業的發展根基。因此，和英國片相比，美國片的影響力更大。**

知名的好萊塢人物，例如浪漫電影明星魯道夫‧范倫鐵諾（Rudolph Valentino），喜劇演員「肥仔」‧阿伯克勒（Fatty Arbuckle）、查理‧卓別林（Charlie Chaplin）、巴斯特‧基頓（Buster Keaton）等，都成了全世界家喻戶曉的名字。

電影產業發展快速，默片被有聲

電影取代，而「片場系統」[15] 也讓它得以大量快速生產，取代了過去「面對面」的娛樂方式，例如音樂廳。然而，之後電影也將被電視產業取代。

新聞紀錄片（newsreel）也是一種新的電影形式。**在蘇聯，電影產業的焦點在於重新述說 1917 年共產黨革命的故事**——著名的電影包含《罷工》（*Strike*）、《波坦金戰艦》（*Battleship Potemkin*）、《聖彼得堡的末日》（*The End of St. Petersburg*）和《列寧在十月》（*Lenin in October*）——**這使得近代歷史，透過不同意識形態被重新述說。**共產黨會尋找歷史中有利用價值的主題，特別是農民對抗沙皇的故事，並**使用電影來提高故事的影響力。**

美國文化
建築、設計、爵士樂，都在影響全球

在塑造美國文化方面（無論國內外的影響），好萊塢絕不是唯一的勢力。透過新興的無線電廣播技術，爵士樂也是 1920 年代美國文化的重要產物。**爵士樂反映了美國跨越傳統文化分野，並將最終產物商品化、傳播的能力。**獨特的美國風格在其他領域也開始出現，例如法蘭克・洛伊・萊特（Frank Lloyd Wright）的建築風格，它挑戰了傳統的美國古典主義，並追求與美國風景相輔相成的設計。

現代社會與演化論之爭

打從一開始，基督教的基本教義團體就否定演化論，不只是因為它挑戰了聖經對創世的記載，也因為演化論認為人類和猿猴之間有所連結。1925 年，一場備受矚目的審判，吸引了許多知名律師關注。田納西州公立學校的教師約翰・斯科普斯（John Scopes），因為在課堂上教導進化論而被定罪（這在該州是違法行為）。

▶依傍瀑布而建的落水山莊（Fallingwater），是法蘭克・洛伊・萊特 1935 年在賓州的作品。美國文化的內容相當廣泛，且不像其他文化那樣受到過去的局限。萊特的現代主義創造出的建築物都與自然風光融合，提供了許多新古典主義所欠缺的生命力。

---

[15] 編按：studio system，以工業、商業化方式生產電影。

▲百貨公司在 20 世紀並不是新鮮事，不過它取代了市政府等國家建築，成為真正的都市中心。在這種環境下，消費者主義的風潮也不斷被推動。

雖然基本教義派因為其無知與偏狹而受到批判，但這種法律還要再過數十年才會修改。1955 年的百老匯戲劇《風的傳人》（*Inherit the Wind*）就是以此案為根基，而後更改編成好萊塢電影。

1920–1929 年
世界經濟
隨著美國大起大落

除了世界各地在一戰後的經濟復甦外，美國對世界經濟的影響也日益

▲福特 A 型車，在 1927–1931 年間生產超過 490 萬輛。照片中是 1928 年的 A 型房車，引擎 40 匹馬力，最高可達每小時 105 公里。

增加，不只成了世界上首屈一指的工業強權，也是最主要的貿易商和銀行家。**充足的資本使得紐約取代倫敦，躍升為世界的金融中心**；它同時也是消費的中心，大型百貨公司的玻璃櫥窗中展示著各式產品，提供任何有錢的消費者挑選。

美國的工業成長滿足了國內需求，無論是已經發展良好的傳統產業，還是正在快速成長的消費者市場，例如**汽車、收音機、冰箱等「白色家電」**。除了電力普及促進經濟成長，電路圖的應用也讓人們開始發展新的概念。除此之外，塑膠產品的崛起，也影響了整個製造業。

新式廠房和科學化管理技術，幫助提升了美國的生產力，進而提高獲利和消費者的收入，振興了整個國內市場。**汽車的大規模生產最能展現這些新技術的價值**，並將產業與消費者連結，其中亨利・福特（Henry Ford）更扮演了舉足輕重的角色。

福特汽車公司的總部設立在底特律，於 1908 年推出了平價而容易操作的福特 T 型車，又在 1913 年建立「移動生產線」，大幅提升效率。直到福特 T 型車停產的 1927 年，已經生產超過 1,500 萬輛。緊接著在同年推出的是福特 A 型車，到 1931 年時則生產了 490 萬輛。

不過福特也必須面對競爭者，特別是通用汽車（General Motors）。通用汽車在 1920 年代建立**「價格階梯」，為每個錢包和用途都推出不同的車款**──這是消費主義的關鍵要素。通用汽車的設計風格，也是當時美國城市風貌不可或缺的一部分。

雖然世界各地的經濟都有所成長，但美國經濟的擴張無人能及。因此，美國在 1920 年代成了國際間最主要的領導者。然而，當時美國保護主義與經濟實力減少了進口貿易，因此其他國家無法支付向美國借貸的款項，對於財政的穩定性造成了很大的挑戰。

由於股價迅速竄升，過熱的美國經濟於 1929 年 10 月崩盤──也就是知名的「華爾街股災」。消費者信心受到重挫，因為有許多人都以為股價只會上升。除此之外，經濟的整合與媒體的發展都以華爾街為中心。

當經驗不足的美國中央銀行停止貨幣供應，資產價格泡泡的破滅就變

得更為嚴重。美國政府開始加強財政
控制，其中包含回收海外的貸款，除
了對自身造成嚴重打擊外，也讓其他
地區陷入金融危機。

▲ 1939 年 4 月 28 日於科羅爾劇院（Kroll Opera House）舉行的國民議會。希特勒反對《凡爾賽和約》，否定《德國－波蘭互不侵犯條約》。

第四章

衝突與革命
1930 年代

　　一般來說，我們對 1930 年代的評價總是以緊接而來的世界大戰為基準，但除了國際衝突的陰影外，這 10 年其實還有許多值得一提的事件。事實上，直到 1930 年代末期，戰爭才真正爆發，而且要到 1941 年底才成為全球性的事件。

　　相對來說，這個年代最值得注意的是美國政治上的韌性，這也在下一章將討論的世界大戰中扮演關鍵角色。於此同時，許多國家的民主制度都無法成功解決經濟問題，因而刺激了獨裁政府的誕生，致使自由民主衰退。

經濟大蕭條
獨裁興起，自由放任不再受歡迎

　　世界經濟的危機始於華爾街股災，在 1930 年代早期快速擴散，對出口、生產和就業都造成打擊，這起事件也反映出當時全球經濟的整合已經達到一定的程度。

　　經濟蕭條遠不只是錯誤的金融決策和交易系統管理不善，還有更根本的問題，也就是民族主義觀點的政治與意識型態的影響下，**特別是保護主義**，對自由國際經濟活動（全球化）的損害。

　　大蕭條使人們對市場經濟的信心下降，進而導致更多的抗爭與暴力，並且有越來越多國家轉向獨裁的政治解決方式，以及統合主義或國營導向的經濟解決方式；自由放任的狀態已經不再受到歡迎，面對大規模的失業，社會福利明顯不足。於此同時，面對社會經濟危機時，也有其他國家採取

▶經濟大蕭條。1931 年 8 月 5 日，一大群民眾聚集在大門深鎖的紐約市聯合銀行外，希望能將存款領出。

截然不同的經濟與政治反應，這顯示了獨裁並不是解決危機的唯一道路。

凱因斯主義，鼓勵公共開支

　　經濟大蕭條催生了新的政策，其中也包含以關稅為形式的保護主義。除此之外，英國經濟學家約翰・凱因斯（John Keynes）還批判了傳統對於「穩健財務」的概念（尤其是英、法兩國）：平衡的預算和較低的支出與稅賦。在他的著作《就業、利息和貨幣的一般理論》（*The General Theory of Employment, Interest and Money*）中，他提出要刺激經濟、降低失業率，就必須鼓勵公共開支，並且要準備面對低利率和忍受通貨膨脹——這與傳統的貨幣政策背道而馳。

　　雖然在第二次世界大戰後，凱因斯經濟學理論在知識分子和政治界都蔚為風潮，而在 1980 年代貨幣政策飽受抨擊之前，也沒有人能肯定這樣的

▲ 1935 年開始興建的藍嶺公園路是其中一項新政策，此道路是美國國家公園系統的重要元素，一直到 1987 年才完工。

貨幣政策是否必定有效。凱因斯的貨幣政策需要封閉而流動性極低的經濟體系，此外，刺激公共支出也可能引發通貨膨脹，並仍然會導致失業率居高不下。

羅斯福新政，度過大蕭條難關

民主黨的富蘭克林・德拉諾・羅斯福（Franklin Delano Roosevelt，小羅斯福）在 1933 年成為美國總統後，推出許多社會福利與經濟的改革措施，稱為「**羅斯福新政**」（New Deal），**滿足了民眾希望政府出手的政治需求。**新政取得主動權，決定了改變的步調，除了對抗通貨緊縮外，也讓非政府的民粹主義無法發展。

羅斯福支持各項公共工程，推動創造就業計畫來對抗失業率，其中包含了公共事業振興署（Works Progress Administration）的成立。這些計畫幫助基礎建設發展，特別是道路，例如阿帕拉契山脈的藍嶺公園路。廣為宣傳的就業計畫讓人民感覺到，情勢似乎已經出現轉機。

這些刺激經濟增長政策的結果之一，就是聯邦的債務從 1933 年的 225 億美元，增加到 1939 年的 405 億美元。然而，和近日的財經趨勢不同，羅斯福傾向平衡預算和提高有錢人的稅賦，而非依賴赤字融通。

雖然羅斯福在 1935 年通過了社會安全法案，其效力卻相當有限，並不是許多評論家宣稱的國家社會主義。事實上，美國大眾偏向保守的觀點、對於政府干預私有財產的敵意，以及 1937 年以降逐漸升溫的反對勢力，都阻礙了羅斯福推動更多政策。

然而，美國是在二戰後才朝向更強大、更集中的國家發展，並非新政期間。1930 年代的失業率持續高漲，直到二戰爆發後才顯著下降。儘管如此，國民生產毛額（GNP）卻恢復了，從 1933 年的 615 美元成長到 1940 年的 954 美元。有工作的人生活水準也得到提升，進而促進國內的需求，對經濟也帶來助益。

羅斯福得到的回報是在 1936 年、1940 年和 1944 年都相對輕鬆的連任總統。他得益於南方的民主黨支持者，和北方大都市同黨的結盟；前者是支持國家權力的擁護者，後者則以外來

▲小羅斯福從 1933 年起擔任美國總統，直到 1945 年逝世為止。他是威爾遜之後第一任民主黨美國總統，
推動新政的立法，幫助美國對抗經濟大蕭條。

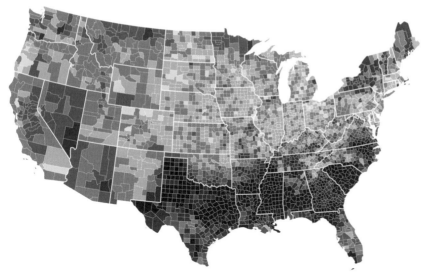

◀ 1936 年總統大選。藍色區域代表民主黨,深紅色則是共和黨。時任總統羅斯福大勝共和黨候選人阿爾夫・蘭登(Alf Landon),他獲得 60.8% 的普選票數;在所有的州中,只有緬因州和佛蒙特州並未支持他,而在選舉人團的 531 票中得到 523 票。

者居多,主要是工會成員、移民、天主教徒及猶太人。

　　相對之下,共和黨員則是北方州內戰期間的白人盎格魯－撒克遜新教徒(因此在南方受到厭惡),而且許多都屬於商業界有權有勢的一群(但並非全部)。他們的勢力在東北部和中西部特別強盛。

酬恤金進軍,麥克阿瑟的汙點

　　當時許多退伍軍人都受失業之苦,因此強烈要求政府支付撫卹金,最後引發了所謂的「酬恤金進軍事件」(Bonus Army)。他們在 1932 年 7 月 28 日遭到軍隊血腥驅逐,因為被視為左翼激進分子,而且不願意自華盛頓中央撤軍。

　　善戰的陸軍參謀總長道格拉斯・麥克阿瑟(Douglas MacArthur)在此次行動中扮演主導角色[1],所幸最後未演變為軍隊干政的情勢,美國依舊是民主國家。路易斯安那州的民粹主義煽動者休伊・朗(Huey Long)[2],鼓吹「共享財產」政策,包含徵收資產稅,不過在 1935 年遭到暗殺;就像酬恤金進軍事件一樣,並未造成更嚴重的政治傷害或影響。

---

[1] 編按:麥克阿瑟未遵守總統胡佛的命令,指揮軍隊進入請願者營地;這起「鎮壓自己前輩」的事件除了讓麥克阿瑟留下汙點,也使胡佛於同年選舉中慘敗。

[2] 編按:前路易斯安那州長,他改善了窮人的生活水準,卻也被視為實行獨裁,破壞權力制衡制度。

▲酬恤金進軍事件。1932 年請願者駐紮於華盛頓，成員皆是一戰的退伍軍人和支持者，他們呼籲以服役證明換取現金補償。照片中是警方試圖將退伍軍人請出聯邦所有的土地，後者最後遭到軍隊驅離。

希特勒崛起
解散國會，集合納粹

德國右派和左派的激進分子都利用了經濟大蕭條造成失業率攀升的情勢。**對於共產黨的擔憂和狂熱民族主義的支持，使得極右翼的納粹黨得到普遍的支持**，而領導人希特勒也在 1933 年 1 月 30 日得到總理之位。

其中，有部分的原因是他主張反對共產黨，另一部分則是其他右派政治人物相信他們有能力控制他。後者至關重要，這些右派政治人物不只與納粹統一陣線，也遏阻了其他勢力的浮現，特別是提早解散國民會議（Reichstag），以及在 1932 年推翻普魯士的社會民主政府。

然而，掌權的希特勒完全改變了情勢。他從國民會議的崩解，以及隨之而來對公民和政治權力的限制得益。

更甚者，《授權法》[3] 給了希特勒凌駕
於國會之上的權力。除了大眾政黨及
多數選民的支持外，許多保守的菁英
階級也支持他。

希特勒推動了獨裁的德國政體改
革、大規模的軍備重整，並暴力鎮壓國
內反對者。除了頻繁的謀殺和大量逮捕
（第一年就高達 20 萬人），許多集中
營也是在此時建造。針對德國的猶太
人，希特勒也發動了狂熱的宣傳戰。

1934 年 6 月 30 到 7 月 2 日的肅清
行動被稱為「長刀之夜」（Night of the
Long Knives），希特勒肅清了納粹議
會組織的衝鋒隊（Sturmabteilung），
因為他懷疑其領導者恩斯特・羅姆
（Ernst Röhm）的政治意圖。為了鞏固
自身地位並摧毀對手，這場行動中希
特勒殺了超過 1,000 人，包含了納粹黨
內外，但不僅限於右派人士。肅清行
動中的關鍵人物是納粹黨衛隊長海因
里希・希姆萊（Heinrich Himmler）以
及蓋世太保（祕密警察）領導者赫爾
曼・戈林（Hermann Göring）。

德國總統興登堡（Paul von Hinden-
burg）在 1934 年過世後，希特勒合併
了總統和總理的位置，因此成為國家
的唯一領導者，也是軍隊的首席指揮
官。在軍隊領導階層的建議下，他們
要求每個軍人都發誓，無條件效忠希
特勒作為德國人民的最高領袖，但結
果卻不如預期。而為了配合納粹卐字
黨徽，軍隊的制服也進行了修改。

▲ 1933 年，希特勒被指派為總理後不久，在柏
林歌劇院外的一場追悼會與興登堡總統見面。
興登堡總統在 1933 年 1 月將希特勒任命為總
理，為他的奪權鋪了一條順順的道路。而後，
興登堡也接受希特勒的施壓，擴張政府權力和
納粹掌控權，其中包含了簽署《國會縱火法
令》（Reichstagsbrandverordnung）[4]。

---

[3] 編按：正式名稱為《解除人民與帝國苦難法》（Gesetz zur Behebung der Not von Volk und
Reich）。

[4] 編按：該法令廢除了許多公民的權利及自由，成為納粹黨的法律依據。

1933 年，德國退出日內瓦的裁軍談判和國際聯盟。**面對 1934 年的財務緊縮時，德國非但沒有限制軍備的擴張，反而繼續發展**。1935 年起，德國開始破壞《凡爾賽和約》。隔年 6 月，希特勒利用法國政府發生問題的機會，讓德國單方面於萊茵蘭地區再武裝化。他在 1938 年 3 月更進一步占領奧地利，並準備推動德奧合併。這已經遠遠不止是修改《凡爾賽和約》而已了，歐洲的地圖從根本上被重新劃分，德國邊境逐漸向匈牙利、南斯拉夫和義大利擴張。

《凡爾賽和約》將波希米亞和摩拉維亞的某些部分劃分給捷克斯洛伐克，不過這些地區的居民都以蘇台德意志人（Sudetendeutsche）為主，希特勒無法接受這樣的安排。隨著德國

▶ 德奧合併。德國於 1938 年 3 月 12 日兼併奧地利，反映其成功的軍事和政治脅迫，德國軍隊入侵也沒有遭受任何抵抗。

◀ 國會縱火事件。1933 年 2 月 27 日柏林國會大樓在夜間遭到縱火，希特勒立即抓住這個機會，宣布全國進入緊急狀態，在隨後的鎮壓行動中逮捕了數千人。

準備開戰，1938 年的危機感也節節高升。1938 年 9 月 29 日，東歐唯一的民主國家捷克斯洛伐克被慕尼黑協議的同盟所背棄，被迫割讓蘇台德地區，使得邊防變得不堪一擊。1939 年 3 月，希特勒繼續壓迫捷克斯洛伐克，占領波希米亞和摩拉維亞。過程中，他得到了如今斯洛伐克地區的支持。

邪教領袖人格，來自使命感

國家社會主義依靠的是對於領導者邪教般的信仰，然而其信念其實混亂而不連貫，結合了種族主義及國族

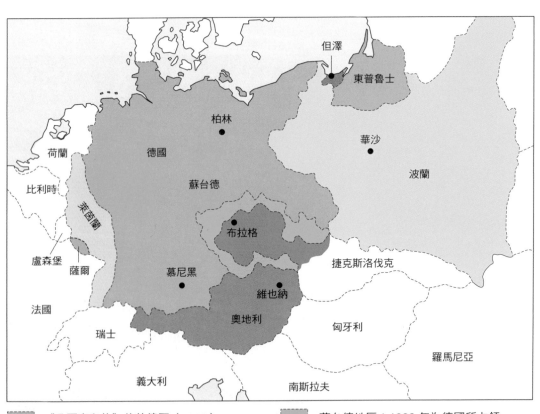

《凡爾賽和約》後的德國（1919）		蘇台德地區：1938 年為德國所占領	
薩爾（Saar）：1935 年投票重新加入德國		捷克斯洛伐克：1939 年為德國所占領	
萊茵蘭：德國於 1936 年發動侵略		波蘭：德國與蘇聯於 1939 年發動侵略	
奧地利：1938 年為德國所占領（德奧合併）		波蘭走廊：1939 年為德國所占領	

▲ 1930–1939 年希特勒統治下德國的領土擴張。

主義，並提倡用武力的手段推動現代化。**軍隊和武力顯然是希特勒帝國的特色**，從一開始就殘暴對待那些，他們判定為無法接受的族群。

希特勒的強烈反猶太主義，不只是歧視。他宣稱猶太人天生就具備顛覆思想，無論左派或右派皆然。對希特勒來說，處決是有必要的，並且不只是納粹統治下持續進行的部分，必須是決定性而徹底的行動，一次解決他心中的猶太問題。希特勒認為，猶太人是後設歷史（meta-historical）性的問題，而不是單純為了執行領土重新分配、徵集資金或號召民意支持等一般政策的手段。

希特勒的邪教領袖人格，其實源自他的「歷史使命感」：對他來說，歷史的過程是由他親身體現，因此他個人所有的事件都會成為德國歷史的某個面向。希特勒認為，種族淨化是他的歷史任務，而且

既是手段也是目標。

納粹的宣傳不遺餘力，宣傳部長約瑟夫·戈培爾（Joseph Goebbels）也手段高超。他製造了「人民收音機」，這種成本低廉的機器目的在於連結希特勒與人民。《紐約時報》（*The New York Times*）在 1936 年寫道：「這是收音機創造的奇蹟，使 6,000 萬德國人民萬眾一心，受到單一的聲音操弄。」

然而，此時的德國並不只有一種聲音；相反的，政府內部充斥著敵對

▲人民收音機（Volksempfänger）。1933 年配發來宣傳納粹主張，其成本並不高，受到國民教育與宣傳部部長戈培爾支持。

的權力網路，其中包含了彼此競爭的中央政府機關、納粹黨、黨衛軍、大區長官（Gauleiter）和軍方。希特勒位居整個系統之上，但他懶散而無能，在國內治理的方面無法提供一以貫之的領導或方向。

反猶太行動，水晶之夜

隨著暴力而來的是歧視性立法，例如 1933 年將猶太人逐出大部分的專業領域和剝奪土地所有權，1935 年禁止猶太人與非猶太人通婚。**法律前的不平等成了猶太人在納粹德國生活的一部分，而他們也被鼓勵移民**。到了 1938 年，一半以上的猶太人都選擇離開，他們的財產則被沒收。當年 6 月，德國政府立法規定猶太人必須申報財產，為其後的強制徵收做準備。

水晶之夜又稱為碎玻璃之夜，發生於 1938 年 11 月 9 日到 10 日間，猶太教堂和猶太人的商店及住家都遭到破壞毀損，警察卻絲毫沒有介入。水晶之夜由希特勒下令執行，目標不只是威嚇猶太人，加快其移民的速度，也是摧毀他們的團結和在社會中的參與，進而消滅其德國人身分。

大約有 1,000 座猶太教堂受到破壞，7,500 家商店遭到攻擊，搶劫事件頻傳。這場暴力事件殘酷且充滿象徵意味。水晶之夜中，可能有數百名猶太人遭到殺害，隨後被關進集中營的人數急速增加了約 3 萬人左右，而死亡人數亦然。

泛區域，擴張的合理藉口

希特勒偏愛德國右翼的地緣政治家，他們否定世界大戰的失敗和《凡爾賽和約》，持續施壓擴張德國的領土。其中的領導人卡爾‧豪斯霍弗爾（Karl Haushofer）曾是軍官，提出了「泛區域」（pan-regions）的概念，特別是「泛歐洲」（德國領導）、「泛亞洲」（德國的同盟日本領導）和「泛美洲」。泛區域將提供這幾個強權保障和資源，而在此系統中，並沒有大英帝國的位置。

國際聯盟與綏靖主義

1930 年代，國際聯盟沒有能力阻止擴張主義的發展，雖然在 1938 年的慕尼黑協定中，確實企圖透過協商加以控制，**不過國際聯盟採取的行動，被批判為綏靖或姑息主義政策，這絕**大部分源自於避免重蹈一戰覆轍的決心。但在面對希特勒持續的侵略時卻徒勞無功，因而導致第二次世界大戰於 1939 年爆發。綏靖策略意圖用和平的方式解決問題，特別是空軍的戰力和效率顯著提高後，他們擔憂下一次重大戰爭會帶來無法挽救的傷害。

◀慕尼黑協定。1938 年一戰的陰影仍揮之不去，然而對於戰爭得以避免的樂觀主義，也將在隔年被徹底摧毀。

水晶之夜，或稱碎玻璃之夜，其名稱來自猶太教堂和建築外的碎玻璃。除了破壞外，也發生縱火、謀殺和大量逮捕。這場行動是希特勒加速猶太人迫害的開始。

▊史達林主義
營造個人崇拜的政治氛圍

在史達林的統治下,列寧主義終能開花結果:蘇聯採行國有制度,強硬推動中央主導的工業化,也願意允許農民在 1921 年新經濟政策的規範下交易食物。在鄉村,則以暴力實施集體耕作(collectivization)。

蘇聯的經濟雖有重大進展,並且也從戰爭與革命中緩慢恢復,但**由於欺騙式的宣傳及農村集體化的災難,1928 年的產出仍不及 1913 年**。工業部門大幅擴張,發電量也提升許多,這是因為**國家犧牲了人民的日常生活,集中資源來發展工業**。軍事產業的規

▲蘇聯殘暴的獨裁者約瑟夫·史達林,從 1920 年代中期開始推行現代化直到過世為止。這類擺弄姿勢的形象照片,是其統治的特色之一。

模也快速成長，其中又以坦克車與飛機的製造為重心。

史達林始終認為，俄國被敵對勢力、資本主義危機和迫在眉睫的戰爭所包圍，因而加速推動現代化，投注所有的資源來追求無產階級革命。恐慌和政府默許的饑荒奪去上百萬條人命，特別是在 1931–1933 年間的烏克蘭，富農（kulak，擁有土地的自耕農）被視為人民的敵人，應該受到制裁。1932–1933 年間蘇聯西邊國界的波蘭人和德國人，也被貼上危險叛徒的標籤，大多數人很快都被殺害。

由於理念與實際成績總是差距懸殊，蘇聯在 1930 年代甚至採取了更激進和極權的作法與手段；1937–1938 年間開始了大規模的肅清、屠殺、折磨和監禁，所有被判定為威脅革命，或不值得信任的人都受到殘酷對待，其中也包含了許多前共產黨的領袖或軍方高層（又稱大清洗）。

托洛斯基主義（Trotskyism）是一項常見的罪名，也反映了蘇聯總是懷疑內部或境外的勢力正策劃顛覆國家。**肅清名義上的目的是摧毀**（其實並不存在的）**境內潛在反叛勢力，但實際**

上卻是透過肅清社會，讓 1920 年代的內戰達到最頂峰。祕密警察必須逮捕的犯人目標數量增加，承受了龐大壓力。為了確保業績達成，這導致 1930 年代出現許多錯誤的逮捕和酷刑。

蘇聯的古拉格（gulag，勞改場）監禁了大量犯人，在 1941 年甚至高達 230 萬人，對經濟產生重大的影響，特別是 1930 年代對於北方的開發，其中以建設、採礦和伐木業為重。蘇聯的人口遷移和早先帝國與殖民時期的流放刑罰有關，例如革命前將俄國人送到西伯利亞。

然而，在史達林時期，遷移的規格大幅增加，殘酷程度與死亡人數也顯著提高。1930 年代初期，受到流放的除了個別政治犯外，甚至包含整個

史達林的蘇聯

1924 年	史達林在列寧死後奪權
1928 年	托洛斯基遭放逐
1929 年	農業強迫集體化
1931–1933 年	烏克蘭饑荒
1937–1938 年	肅清展開
1940 年	托洛斯基在墨西哥被殺害

社會階級，其中最多的就是富農和其家庭。

　　史達林主義自詡為現代的政府型態，依賴科學規畫，並且為世界歷史和人類進步指出一條明路。然而，**史達林主義實際上依賴的是迷思和信仰**，沒有充足的資訊與規畫。蘇聯的偏執和對於告發手段的依賴，使得社會中許多較有能力的成員都遭受屠殺。告密不是什麼新鮮事，但在蘇聯受到了系統性的發展。

　　從 1930 年代晚期開始，蘇聯的電影產業就以沙皇為中心，向觀眾說明必須付出努力來對抗境外威脅，其中彼

得大帝（Peter the Great）[5] 和伊凡四世（Ivan the Terrible）[6] 更是兩個重要人物。自此，俄國的歷史透過現代觀點被重新詮釋，過去的統治者們也被描

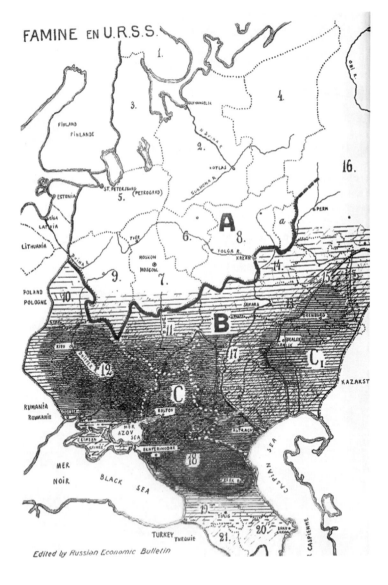

▶ 1933 年的地圖，深色區域代表蘇聯中受到饑荒影響較嚴重的地區。饑荒的原因是集體化政策及去富農化。

---

[5] 編按：推動俄羅斯現代化的第一人。

[6] 編按：第一位沙皇，此名稱來源於各種令人膽寒的種族大清洗。

▲蘇聯古拉格的強迫勞動。獨裁政府（尤其是共產國家）對於奴隸勞動力的依賴程度，往往在歷史中被忽略，也是 20 世紀史時常省略的部分。

史達林主義的對外政策

　　蘇聯與外國勢力間的衝突，在 1920 年代就已經很明顯，1930 年代又再次浮現，其中包含了與非共產黨組織人民陣線的合作程度，例如在法國的情況。這些都反映出意識形態、戰略目標和戰術優勢之間的互相作用，而這也非蘇聯獨有的現象。類似的狀況也出現在英、法，對於法西斯獨裁者崛起的回應，被人們抨擊其為綏靖政策。這些互相牽制的運作，也使得當代人在評判蘇聯的意圖和政策時，變得格外複雜困難。

繪為史達林的祖先。

西方的左派參訪者和評論家，對史達林主義的殘酷總是輕描淡寫。事實上，其刻意錯誤呈現的程度令人不安，甚至讓作家喬治・歐威爾（George Orwell）寫下經典《動物農莊》（*Animal Farm*）一書加以諷刺。

■ 國共衝突升溫
內憂外患使中共得以繼續發展

共產黨對國民黨的態度，受到共產黨內部戰略的嚴重分歧所影響，其中有一部分與蘇聯重疊，但又不盡相同。共產黨的領導人，例如 1928 年到 1931 年間的共產黨祕書長李立三，遵循的是傳統對馬列主義的詮釋，注重都是無產階級的培植；相對之下，包含毛澤東在內的許多領導者，更正確的評估了真實狀況，了解到**中國與蘇聯不同，真正值得發展的是「農村的勞動者」**。

然而，在討論毛澤東時，就必須了解他的名聲如何再三受到美化和誤導性的修正。中國共產黨紅軍，在鄉村抗戰中取得較好的成效，特別是傳統盜賊的藏身處，例如江西等山區。**毛澤東將鄉村基地視為革命戰略的重要部分**。假如沒有基地，就不可能建立起戰鬥的勢力或推動革命計畫，進一步爭取／強迫都市人口的支持。

▲ 1935 年 9 月 18 日，山西北部某處的中國紅軍成員帶著武器坐著。從 1930 年到 1949 年的最終勝利期間，共產黨與國民黨持續苦戰，爭奪中國的控制權。

國共的衝突升溫，在 1930–1934 年間發展成一系列國民黨的「剿匪」行動。國民黨無法摧毀共產黨，但在中國還能維持主導的地位。然而，在之後對日本的漫長戰爭中，國民黨的勢力遭到大幅削弱。

長征，為了塑造神話而行

隨著國民黨勢力發展帶來龐大的壓力，共產黨紅軍在 1934 年 10 月從江西突破，展開「長征」，橫跨數千公里的崎嶇陸地抵達山西，而大部分的人都在半途就放棄了。長征的故事，對於毛澤東鞏固中國共產黨的控制、共產中國的建國神話都相當重要。然而，從社會權力的角度看來，長征從開始到結束都毫無意義。

▲ 1934–1935 年長征期間的毛澤東。長征對中國共產黨來說深具「象徵意義」，實際上卻不是勝利，只是面對國民黨進攻的逃亡而已。

■日本帝國主義
入侵中國，開啟太平洋戰場

日本除了遭遇嚴重的經濟問題，政府又軟弱無力，因而在 1930 年代轉向更軍事化的方針。願意挺身對抗軍方的政治人物遭到謀殺，包含 1932 年的首相犬養毅。1931–1932 年間，中國重要的工業區滿洲被日本占領。強勢的日本官員擔心既有的承租權會受到威脅，於是利用蔣介石不願意支持當地軍閥的情況（他當時更擔心共產黨威脅），更進一步壓榨該地區。

1937 年，日本與中國大規模的戰爭正式爆發。戰爭的導火線有一部分是規畫之外的意外事件：中國與日本的部隊在北京城外的馬可波羅橋（因出現在《馬可波羅遊記》〔*Le livre des*

▲ 1937 年 12 月，日本士兵慶祝征服上海。上海是中國最重要的港口，這場行動是接連成功侵略的關鍵，最後也發展成了無法回頭的戰爭。

merveilles〕而享譽國際得名,即盧溝橋)附近夜間訓練時發生衝突。然而,日本認為若想準備面對與蘇聯之間的衝突,就應該說服中國接受命運,扮演日本的跟班。

蔣介石不願意配合,而東京方面因此想給他一個快速且強烈的教訓。日本的行動起初很成功,1937 年占領了北京、上海和南京,後兩個城市都經過一番激戰。1938 年,日本又占領了廣州和廣東。而這場日本人口中的「事件」[7],讓他們只剩一個選擇:花費高昂的成本,投入贏不了又無法放棄的戰爭。

▍承受壓力的西方帝國
民族主義漸起,殖民地開始反抗

1930 年代,歐洲帝國正面對民族主義日益升高的壓力。印度開始有了從英國獨立的聲音,也出現更具體的行動,例如 1930 年的集體抗租行動(No-Rent campaign)。英國在緬甸、馬爾他和巴勒斯坦也都面對民族主義

▍為殖民地命名,強調帝國存在感

帝國強權會利用繪製地圖和命名,強調其在殖民地的存在感。1932 年,英國建立南極洲地名委員會(Antarctic Place-names Committee),確保英國發行的地圖正確反映了官方的觀點和命名傳統。被排除的名稱類型包含了既有的地名、城鎮名或島嶼名、外文、雪橇犬的名字、品味低級的名字和來歷不明的名字。英國地圖也會省略阿根廷或智利地圖上的地名。1945 年他們進行了「福克蘭群島屬地」調查,而後完成了更多地圖的丈量繪製,以鞏固其土地的控制。

---

[7] 編按:1937 年全面侵華時,日本官方稱此為「支那事變」,刻意規避戰爭字眼,目的是避免美國執行「禁止出口戰爭原材料至任何交戰國」的措施。

▲ 1938 年的哀悼之日。由澳洲原住民族於國慶日在雪梨舉辦。事實上,該日也是英國進入澳洲的 150 週年紀念日。澳洲原住民協會藉此和平訴求完整的公民權和平等。

的反抗,其中巴勒斯坦在 1937–1939 年的阿拉伯起義,就是為了反對大規模的猶太人移居。

在澳洲,原住民族也抗議他們從國家的歷史中被抹除。1938 年,澳洲原住民進步協會在雪梨舉行「哀悼之日」,於此同時也是英國登陸澳洲的 150 週年慶祝。協會成立於 1925 年,積極爭取原住民族完整的公民權,與土地被剝奪的補償。

然而,假如毀滅性的第二次世界大戰沒有發生,我們實在很難猜測英國和其他帝國是否會瓦解。阿拉伯起義在 1939 年受到鎮壓,而其他殖民地也沒有出現同樣嚴重的反抗力量。

此外,大英國協(Commonwealth of Nations)也提供了一點發展的空間。大英國協的成員在此體制中,仍保有

相當的自由。1931 年的《西敏法令》（*Statute of Westminster*）規定，在該法案後實施的任何英國法令都不得擴及自治領，除非該地區要求或同意執行。

1935 年的立法也為印度成立自治政府打開一扇門，這個例子說明了歐洲的自由主義等概念在帝國內傳播的程度，而反帝國的思想也不例外，例如民族主義與共產主義。然而，**在保護主義之下，帝國的連結就格外重要**，例如 1930 年代出現的「聯合傑克」（Union Jack，英國國旗，又稱聯合旗）廣告：「國旗飄揚之處，奮勇面對千年的戰爭與風暴，比徹姆（Beecham）[8] 的藥丸將征服所有疾病。」

地緣政治的考量，也促使帝國發展航空來連結他們的領地，特別是英國到香港、澳洲和南非，義大利到利比亞，以及法國到敘利亞和西非。空中旅行對個別殖民地的開發至關重要，並且讓英國得以統治遍及全球的領地。更具體來說，空運比蒸氣船更迅速，也能夠進入國家的內部。

空中力量也被用來對付叛亂，它

似乎能將西方理想的控制手段和現代化結合——也就是帝國主義意識形態的中心思想。

▉ 拉丁美洲
經濟蕭條，使政變、獨裁不斷發生

經濟大蕭條對於拉丁美洲的經濟造成了沉重打擊，出口的利潤大幅降低，政府的財政也損失慘重。隨著經濟困境惡化，社會也越來越緊繃。經濟民族主義應運而起，並促成了獨裁統治的出現，例如巴西的熱圖利奧·瓦加爾斯（Getúlio Vargas）、多明尼加共和國的拉斐爾·特魯希略（Rafael Trujillo）、秘魯的奧斯卡·貝納維德斯（Óscar Benavides）和烏拉圭的加布裏埃爾·特拉（Gabriel Terra）。

國族的認同和團結，經常被和獨裁政治和政治自決掛勾，例如瓦加爾斯在巴西建立的「新國家」（Estado Novo）。瓦加爾斯在 1930–1945 年間擔任巴西總統，又於 1951–1954 年間

---

[8] 編按：當時的英國藥品公司巨頭。

再次上任。他是民粹主義的反共產主義者，在 1937–1945 年間扮演獨裁統治者的角色，以墨索里尼為仿效的目標，摒棄政黨制度、實施審察。

貝納維德斯從 1933 年到 1939 年擔任秘魯總統，他來自軍方背景，下令禁止了所有的反對黨。特魯希略從 1930 年開始統治多明尼加，一直到 1961 年被刺殺為止。他是軍隊的總司令，建立了一黨獨大的國家，殺害反對者，並形成了充滿個人崇拜的政治統治。

▲後方右側為巴西總統瓦加爾斯，他是民粹主義者，推動現代化，得勢於 1930 年的軍事革命，並且在 1937 年建立更中央集權的政府。

政變（無論成功與否）在拉丁美洲的政治發展都扮演了重要角色。軍方掌控政府財政，通常會採取比較保守的社會秩序。例如宏都拉斯的軍隊鎮壓了 1932 年和 1937 年的農民起義；1931 年，薩爾瓦多的馬丁內斯（Maximiliano Martínez）將軍掌權後，隔年便用一連串血腥的屠殺鎮壓了農民起義；同一年間，勞工運動在玻利維亞被鎮壓，「立憲派」革命也在巴西失敗告終。

美國對拉丁美洲政治和經濟的影響舉足輕重，而英國的勢力則大致上局限於阿根廷。然而，當時唯一的國

◀玻利維亞的士兵用高射砲瞄準巴拉圭的戰機，拍攝於 1934 年 5 月 24 日。事實上，查科戰爭主要是陸軍的戰爭。

際衝突，也就是玻利維亞與巴拉圭在 1932–1935 年間因領土紛爭而起的查科戰爭（Chaco War）並沒有像 1860 年代那樣擴散。巴拉圭擊敗實力更為堅強的玻利維亞，獲得勝利。

西班牙內戰
左、右派的意識形態之爭

西班牙在 1931 年宣告建立新的共和國後，局勢就一直不穩定，在 1936 年 7 月爆發右翼軍事政變試圖奪權時，混亂更是達到高峰。這反映了戰爭前就不斷累積的極化現象，但政治人物和評論家無論身處光譜何處，似乎都不願意承認民主的根本意義：接受對於政敵有利的結果。

相反的，暴力變得越來越頻繁，威脅也越來越普遍。發動政變的一方反對左翼政府現代化的政策，擔心會帶來反教權主義及共產主義。從實際層面來看，他們反對的就是共和國和伴隨的民主與自由。

然而，政變並未完全成功，而是導致了持續至 1939 年的慘痛內戰。境外的勢力也提供了援助：義大利與德國支持右翼的民族主義者，蘇聯則支持左翼的共和國勢力。後者由於後勤無力，最終出現分裂而戰敗，由獨裁者弗朗西斯科・佛朗哥（Francesco Franco）建立了殘暴的法西斯政府，他的威權統治將持續到 1975 年死亡為止。此場內戰在國際上吸引了相當的關注，重點聚焦於左派與右派的意識形態之爭。

文化象徵
超現實主義在此時興起

1930 年代的文化漩渦，反映了對於不同風格、政治立場和市場的爭議和衝突。知識分子通常會聚焦於現代主義，以及其對於傳統形式和觀點的挑戰；但最受歡迎的藝術是現實主義風格，即便其提出的情節未必符合現實。

英國小說家阿嘉莎・克莉絲蒂（Agatha Christie）的作品就是很好的例子，當然也有其他「平庸」或「低劣」的作家。**此時書籍變得越來越普遍而平價，內容也以當代為背景，而**人們也有更多的閒暇時間享受。

這個年代流行的風格通常具有連

續性，而非石破天驚的嶄新概念；舉例來說，西班牙詩人菲德里科・羅卡（Federico Lorca）對社會秩序的挑戰，自然不如其他滿足大眾市場需求的產品那麼受到歡迎。

1932 年獲得諾貝爾文學獎的約翰・高爾斯華綏（John Galsworthy），作品風格就與前一年得主維吉尼亞・吳爾芙（Virginia Woolf）作品《海浪》（The Waves）的內心獨白迴然不同；華特・葛羅培斯（Walter Gropius）的現代主義建築和「包浩斯」（Bauhaus）運動，以及復興而大受歡迎的古典主義之間，也存在著類似的對比。

西班牙之聲

羅卡是著名的西班牙詩人和劇作家，他的作品充滿了對既定社會常規的質疑，在其劇作《籠中的女兒》（La casa de Bernarda Alba）中探討了傳統的壓迫和家庭控制，其中的冷酷女性家長只在乎外界名聲、傳統和貞潔。

這齣戲劇直到 1945 年才正式上演，而且地點在布宜諾斯艾利斯（阿根廷首都）而非西班牙。羅卡是社會主義者，也是同性戀，在 1936 年遭到民族主義的民兵所謀殺。

羅卡的密友包含了路易斯・布紐爾（Luis Buñuel）和薩爾瓦多・達利（Salvador Dalí）；他們共同製作了超現實主義的恐怖短片《安達魯之犬》（Un Chien Andalou）。而布紐爾的電影《無糧的土地》（Las Hurdes: Tierra Sin Pan）則苦澀的傳達了農民的貧困；達利在立體主義有許多實驗性的嘗試，是超現實主義的先驅畫家。

克莉絲蒂的偵探世界

阿嘉莎・克莉絲蒂被譽為最成功的偵探小說家[9]，她的風格與羅卡截然不同。她的父母都是美國人，但她在英國出生，也一直都住在英國。她的作品受歡迎的程度，也反映了偵探小說這一類型作品的風靡；在 20 世紀的

---

[9] 編按：據金氏世界紀錄統計，她是人類史上最暢銷的作家，只有《聖經》與莎士比亞（William Shakespeare）著作的總銷售量在她之上。

▲西班牙內戰。義大利記者因為支持佛朗哥的民族主義，於是誇大了他進攻馬德里的成功──實際上，馬德里要到 1939 年才會淪陷。

偵探小說領域，女性作家與男性作家同樣重要。

克莉絲蒂筆下最有名的偵探是赫丘勒・白羅（Hercule Poirot），首次登場於《史岱爾莊謀殺案》（*The Mysterious Affair at Styles*）。白羅出生於比利時，是個都市人，但克莉絲蒂為了讓他了解英國，所以讓他歸化大英帝國。至於海外的部分，白羅拜訪過法國和大英帝國的領土，包含了埃及和伊拉克。

克莉絲蒂筆下的謀殺案，通常都肇因於對於社會常規的傲慢對抗，而嫌隙仇恨也是她的經典主題。電視和電影給了克莉絲蒂小說新的生命，筆下的英國故事持續吸引著讀者和觀眾，現代科技進展帶來的有聲書，也給了作品新的生命力。

■ 科技進展
商業航班成為長途旅程主流

1930 年代普及的科技進步，對於全球的經濟和社會都至關重要。**貿易促使新的技術擴散，而趕上其他強權或追求進步的決心也同樣帶來強大動力。**美

國化的浪潮興盛，但也出現了以蘇聯或其他帝國強權為重的發展論述。

然而科技發展造成的影響，卻未必能符合預期，蘇聯的集體化就是個例子。不過，這也代表了新的可能性，其背後的驅動力是消費主義、資本主義和國家的行動。交通也是發展的另一個關鍵面向，並進一步推動了未來的改變。

盤尼西林

醫療技術在戰間期有了相當的改善，其中一部分是因為亞力山大・弗萊明（Alexander Fleming）在 1928 年的偉大發現：盤尼西林。這帶動了隨之而來的抗生素革命，這類的藥物足以對抗結核病等傳染性疾病。醫藥和外科手術的其他領域也有一些進步，包含了器官移植，但其幅度不及二戰之後的發展。

汽車和新聞

汽車的普及影響了社會的許多層面，包含設計、警政與新聞產業。新

聞的加速生成乃是源自於汽車在犯罪與警務中扮演的角色。汽車也提供了新聞更真實呈現的方式；記者可以離開辦公室，進入車輛，因而有了獨立行動的能力。他們能抵達新聞現場，親眼見證，更輕易產出填滿報紙頁面的內容，並建立個人特色。新聞也能透過電話傳遞（不過當時沒有行動電

▲英國的阿姆斯壯-惠特沃斯·恩斯（Armstrong Whitworth Ensign）型四引擎飛機於 1938 年正式服役，可以載運 40 位乘客。雖然最初的目的是加入帝國的空軍，但後來倫敦到巴黎成了該班機的重點航線，而在 1939 年底時，只剩下 12 架飛機仍在執勤。

話，記者必須準備大量硬幣才能打投幣式電話），或是由記者趕回辦公室完成。裝設自動引擎的車不需要透過曲柄啟動，速度也快上許多。

雷達

雖然 1935 年英國航空研究委員會所構思的「破壞死光」概念並不可行[10]，但無線電波成為了雷達的基礎。1904 年，德國科學家及物理學家克里斯蒂安・胡斯梅爾（Christian Hülsmeyer）首先使用無線電波來偵測遠處的金屬物件。1936 年起，英國建立了一系列裝備有雷達的警報臺，這些偵測站能辨識出距離英國南方海岸 160 公里外的飛機，並且與中央控制站連結，分析資訊後再傳送指令給戰鬥機。

航空的發展潛力

打從一開始，飛行科技就是不斷的創新，從 1910 年代開始，水冷式引擎由更輕也更可靠的氣冷式引擎取代，而有一些飛機也使用了堅固且持久性高的鋁合金打造。1920 年代開始的主要進展包含引擎改良、高辛烷值燃料和變距螺旋槳。1930 年代還出現許多重大發展，包含了全金屬單殼結構，

---

[10] 編按：英國發明家哈利・馬修斯（Harry Matthews），曾試圖向英國空軍出售他的破壞死光研究。

賦予飛機強度和輕便性；伸縮式起降架（以前是固定式）則有助於對抗風阻。於此同時，也出現了裝備夜間飛行設備和無線電收發器的駕駛艙。

商業航班開始成為長程鐵路的挑戰，而且還能跨越海洋。1938 年，義大利開始推出從羅馬到里約熱內盧，途經里斯本和維德角共和國（位於非洲西岸）的航班。

航空科技發展的步伐引領著多個方向，1931 年，美國作家、政治家大衛・拉瑟（David Lasser）對美國火箭協會發表演說時，討論到火箭的發展可能性，因為它可以裝載自身的燃料。他也談到時速能超過 4,800 公里的火箭動力飛機（rocket aircraft），所造成「雪崩式滅亡」的威脅。

蘇聯的火箭專家康斯坦丁・齊奧爾科夫斯基（Konstantin Tsiolkovsky）提出了一種新的飛行理論，並將液態推進劑用於火箭。移民到美國的俄國科學家伊戈爾・西科爾斯基（Igor Sikorsky），在 1939 年創造出首架成功的直升機「VS-300」。德國在 1943 年成功發展並運用無線電導引滑翔炸彈（glide bomb）。英國、德國和義大

利，也在飛機的噴射引擎研發方面都取得不錯的進展。

■1930–1939 年 世界經濟
保護主義盛行，出口大受影響

在這 10 年間，保護主義是經濟政治的關鍵因素。1930 年的《斯姆特－霍利關稅法案》（*Smoot-Hawley Tariff Act*）讓**美國建立起關稅障礙，降低了進口的需求**。其他國家也跟進，**促成了全球性的保護主義**，進而讓經濟大蕭條時期的世界貿易大幅縮減，因此對美國與英國主導的經濟系統造成沉重的打擊。

隨著世界各地的出口產業受到市場中保護主義的影響，失業率也大幅升高。因此，除了製造業下滑，需求降低也使得礦業、林業和農業的生產受到慘痛的打擊，而受到影響特別嚴重的是拉丁美洲地區。失業率和貧窮使得搶掠事件和政治暴力頻傳，例如德國及奧地利的反猶太主義。事實上，反猶太主義某種程度上可以說是大型

▲ VS-300 直升機由伊戈爾‧西科爾斯基所設計，是美國第一架成功的單旋翼直升機。第一次試飛於 1939 年，這也是首架能載運貨櫃的直升機。飛行範圍 120 公里，續航時間為 90 分鐘。

的搶奪。

於此同時,消費品的生產則逐漸增加,特別是汽車、收音機和電器用品。此外,**電力被許多國家視為經濟現代化的強大推動力**,例如蘇聯。在蘇聯和美國,都出現野心勃勃的重大投資計畫,特別是水壩的建設,像是美國的胡佛水壩。

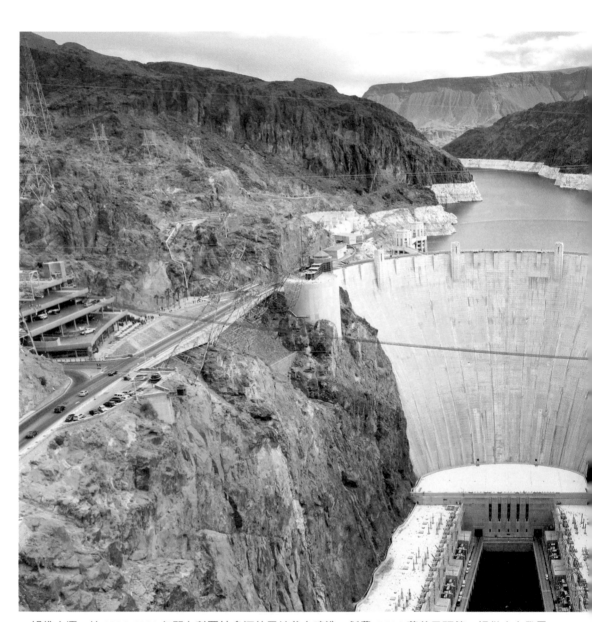

▲胡佛水壩。於 1931-1936 年間在科羅拉多河的黑峽谷上建造,耗費 4,900 萬美元預算,提供水力發電和防洪。在建設過程中,與施工有關的死亡人數為 112 人。

史達林和希特勒都支持保護主義的政策，推行經濟自主和自給自足，反對以英國為中心的自由市場國際經濟系統。希特勒在 1931 年宣稱：「我

的責任是避免德國受到共產黨影響，有數百萬人民因此失業。」

其他地區威權政體也做出了類似的宣告，例如巴西獨裁者瓦爾加斯。工業化雖然是這些國家共同的重點，但同時也存在顯著的差異：希特勒討好公司企業，鮮少挑戰社會不平等，而蘇聯則注重國有制度及國家管控的社會晉升。

民主政體，例如英國，同樣也更向保護主義靠近。對於金本位制（也就是以固定匯率將貨幣兌換成黃金）的放棄也反映了背離國際化，向國族主義靠近的標準或價值觀。

總體經濟改變的其中一個原因是普遍的反移民。這不只影響了眾多追尋經濟機會的人，也影響了逃避迫害的人，特別是急於離開德國和奧地利的猶太人。

美軍在沖繩登陸。美國的勢力以前所未見的規模影響西太平洋地區，這是二戰地緣政治的關鍵發展，反映了美國全力發展的海軍霸權、兩棲能力和空戰優勢。

第五章

第二次
世界大戰

1939-1945

    1941 年 12 月 7 日，日本偷襲珍珠港；兩天之後，羅斯福總統宣告：「世界上所有的陸地，以及所有的海洋，都已經被軸心國的侵略者視為一個巨大的戰場……。」

    第二次世界大戰的規模遠勝於一戰，可說是歷史上前所未見。戰爭嚴重傷害了歐洲和東亞的許多國家，也是至今唯一使用核子武器的戰爭。戰後，美國成為世界第一的強權，而蘇聯則是歐亞地區的霸權。大約 2,200 萬到 2,500 萬軍人，以及 3,800 萬到 5,500 萬平民死於這場戰爭。

▌二戰初期
德、日積極擴張，推動了戰爭的步伐

　　歐洲通常將這場戰爭的起點定義為 1939 年，德國於 9 月 1 日入侵波蘭，使得維護波蘭主權的英國與法國，在希特勒拒絕撤軍的兩天後向德國宣戰。對蘇聯來說，對德國的「偉大衛國戰爭」（Great Patriotic War）始於 1941 年 6 月。即便國內孤立主義盛行，由於日本於 12 月 7 日攻擊珍珠港，美軍也在該年投入戰事。

　　然而，誠如前一章節所述，**大規模戰爭真正始於 1937 年日本入侵中國。這導致了一系列的連鎖反應，使日本決心不讓美國阻止其在東亞稱霸**，於是發動攻擊珍珠港。雖然未面對其他敵人，但日本仍無法打敗中國，這也預示了德國無法打敗英國及蘇聯。德國與日本的積極侵略與擴張，推動了戰爭初期的步伐。

▲德國能迅速且成功入侵波蘭，其原因除了搶得先機外，也因為敵方防線過度拉長，而在蘇聯加入侵略陣營後，人力更是高居優勢。

二戰大事記

1937 年 7 月 7 日	日本入侵中國
1939 年 9 月 1 日	德國入侵波蘭
1939 年 9 月 17 日	蘇聯入侵波蘭
1939–1940 年	蘇聯攻打芬蘭
1940 年 4 月	德國入侵丹麥與諾曼第
1940 年 6 月 10 日	義大利參戰
1940 年 6 月 14 日	巴黎被德軍占領
1940 年 7 月至 10 月	不列顛戰役（又稱英倫空戰）

1940 年 9 月 至 1941 年 5 月	倫敦大轟炸	1942 年 10 月 至 11 月	第二次阿拉曼戰役
1941 年 6 月 22 日	希特勒發動「巴巴羅薩 行動」	1943 年 7 月至 8 月	庫爾斯克會戰
1941 年 12 月 7 日	日本攻擊珍珠港	1944 年 6 月 6 日	盟軍登陸諾曼第海灘 （D-Day）
1942 年 2 月 8 日 至 15 日	新加坡戰役	1944 年 10 月 23 日至 26 日	雷伊泰灣海戰
1942 年 6 月 4 日 至 7 日	中途島戰役	1945 年 5 月 8 日	德國投降
1942 年 7 月 至 1943 年 2 月	史達林格勒戰役	1945 年 8 月 6 日、9 日	在廣島與長崎投下原 子彈
		1945 年 8 月 15 日	日本投降

和一戰一樣，**我們不能將這場戰爭視為國際體系的失敗**；相反的，戰爭的起因是由於特定強權（德國與日本）的侵略性，並且他們在關鍵的初期階段，**從美國的中立態度得到珍貴優勢**。對於一戰起源討論中出現的歷史修正主義[1]，或許也讓我們窺見二戰結束後的發展。具體來說，德國的修正主義，正在以一種 30 年前人們會感到震驚的速度興起。

▌德國主宰歐陸
閃電戰＋盟軍錯誤的戰略……

迅速攻下波蘭後，德軍持續在歐洲大陸贏得勝利。1940 年，德國占領了丹麥、挪威、盧森堡、荷蘭以及法國。前 2 個國家在 4 月 9 日受到攻擊，其餘則是 5 月 10 日。1941 年初，德國又攻下南斯拉夫與希臘。

德國的這幾場勝仗，主要都歸功於軍隊戰術運用──「閃電戰」（blitzkrieg）──以高度的機動性、主動性贏得先機；其中，坦克車扮演至關重要的角色。

事實上，同盟國錯誤的戰略也影響深遠，特別是**防線過長**（波蘭、南斯拉夫和法國的軍隊都太深入比利時）、**將儲備物資放在錯誤的位置**（法國），以及**對於戰事發展的反應速度過慢**（法國）。這造成的結果就是德國主宰了蘇聯以西大部分的歐洲土地。法國在 6 月 22 日投降，而其大部分都已受到德國占領，只留下部分非軍事區，由支持德國的維琪政府統治。

這個過程對德國來說之所以如此順利，一部分是因為從 1939 年到 1941 年與蘇聯簽訂的《德蘇互不侵犯條約》（*Molotov-Ribbentrop Pact*，其名來自兩國的外交部長）。事實上，1939 年 9 月 17 日，蘇聯也根據條約侵略波蘭，但英國與法國並未因此宣戰。

1939–1940 年間，蘇聯在「冬季戰爭」中攻打芬蘭，雖然最初屢經失敗，最後仍然成功了；而在 1940 年，蘇聯取得波羅的海諸國與羅馬尼亞的土地。在這些戰爭中，他們都殘暴的對待當

---

[1] 編按：根據以往被忽略的證據，重新解讀主流的歷史觀點。

地人民，其中包含大規模屠殺，以及將大量人口運送至勞動營。德國在波蘭因意識形態而施加許多暴行，而蘇聯的屠殺則是以階級為依據，兩者都同樣令人髮指。

英國的奮戰
邱吉爾在最黑暗的時刻挺身而出

英國的軍隊在戰場上節節敗退，並於 1940 年（從挪威及法國，特別是敦克爾地區）、1941 年（從希臘）遭德軍逐出歐洲大陸。然而，雖然德國提出了條件不差的和平協約，但在新任首相溫斯頓‧邱吉爾（Winston Churchill）的領導下，英國選擇繼續抗戰。

以全球的角度來看，大英帝國其他地區的協助相當重要；然而，在不列顛戰役（1940）抵擋德軍的空襲，以及面對倫敦大轟炸（1940–1941）仍不屈服，靠的都是英國本身的努力。

▲德國發動的倫敦大轟炸破壞了英國許多城市，特別是倫敦。然而，這卻未能打擊他們的士氣。照片中的英國首相邱吉爾正在檢視損害的情況。

▲ 1942 年阿拉曼戰役中的義大利坦克車。隔年，所有軸心國部隊均被逐出非洲戰場。

兩場戰爭皆造成嚴重的損害，卻未摧毀人民的意志，也反映出德國沒有能力真正發動侵略。

雖然在 1940 年時，德國曾經規畫「海獅計畫」，卻因為未能取得空戰或海戰的優勢，也未有充足的準備，最後只能放棄。相對的，當同盟國在 1944 年登陸諾曼第時，可以說是做足了準備。因此，德國從 1940 年晚期開始，就必須在側面受敵的情況下，準備侵略蘇聯；然而，英國當時並不具備挑戰德國在歐洲霸權的能力。

北非戰爭，義大利豬隊友

希特勒在西歐的勝利，鼓舞了墨索里尼統治下的義大利，使其在 1940 年 6 月 10 日發動對抗英國及法國的戰爭。該年，他進攻許多英國殖民地，像是從利比亞入侵埃及、從阿爾巴尼亞入侵希臘。然而這些失敗的攻擊，促使德國出手干預。1941 年初德軍以

墨索里尼的名義在北非對抗希臘，並且在地中海援助被英國壓制的義大利海軍。

雖然德軍成功將英國驅逐回北非，但在其他地區，英國得到其殖民地的支援，特別是澳洲、印度、紐西蘭和南非，並從義大利手中征服了厄利垂亞、衣索比亞和索馬利亞，從法國維琪政府手中奪取黎巴嫩、敘利亞和馬達加斯加，又從反英國的民族主義勢力手中取得了伊拉克。這些合起來可說是相當不得了的成果，雖然未得到足夠的關注，卻影響了許多國家往後的歷史發展。**英國的戰果使軸心國的選項大幅減少，特別是與日本進行全球性合作的策略可能性。**

在 1942 年夏天，德軍逼近尼羅河谷；然而，英國抵擋了他們的進攻，並且成功在同年秋天的阿拉曼戰役中反擊。德軍被迫經由利比亞撤退至突尼西亞，同時也承受了來自美軍的壓力：美軍在 11 月侵略成功，從法國維琪政府手中奪取摩洛哥和阿爾及利亞。1943 年春天，受到敵人近逼的壓力，

▲ 德國進攻蘇聯，為自身帶來了毀滅性的結果。

突尼西亞的德軍被擊敗,並且被迫投降。義大利的防線近乎崩潰。

▊東線戰事, 1941-1943
死傷超過千萬,20 世紀 最慘烈之戰

彼時,德國正面對著 1941 年 6 月 22 日以來最重要的戰線,也就是面對蘇聯戰線失守的可能性。當時史達林忽略了警訊,使德國奇襲成功。巴巴羅薩行動的目的是貫徹希特勒摧毀共產黨、在政治和種族層面重新塑造歐洲的決心,德軍一路殺害許多平民,在戰役初期取得相當大的成功。

然而,**希特勒堅持全面的勝利,拒絕了俄國提出的妥協和約。**這凸顯了德軍對於輸出德意志的重視,也就是殺戮人數和征服的土地、使對手屈從勝利者的意志。

德國征服了許多土地,也殺害和

▲ 1942 年後期的史達林格勒。德軍被捲入無法避免的消耗戰,大規模轟炸造成的地勢對防守方相當有利;蘇聯藉此反擊,並包圍消滅了德軍部隊。

◀同盟國油輪遭到德國潛水艇攻擊。德軍無限制潛艇戰的破壞性，因為同盟國發展反潛技術而受到削弱。然而以美國為主的造船產業，以及美軍護航船隊的配置也發揮了效益。

俘虜了數百萬人，特別是在烏克蘭地區。1941 年 12 月初，德軍因為在莫斯科和列寧格勒附近，遭遇了蘇聯更猛烈的抵抗而停滯。而後蘇聯的反擊更取得奇效，破壞了德軍的機動能力。

然而，德國在 1942 年 6 月再次向南方發動攻擊，與 1941 年不同，他們有了新的進展，特別是在高加索山區，控制了許多該地區的油田。同一年秋天，在北方的德軍被捲入伏爾加河附近，史達林格勒的消耗戰，最後導致軍隊在 1942–1943 年冬天的包圍奇襲中被徹底摧毀。

直到 1943 年初，東線戰爭的命運仍曖昧不清，德國最終建立了新的防線。雖然德國依然占據大部分的蘇聯地區，情況卻顯然非常惡劣。

美國參戰
阻止日、德的擴張野心

德國試圖在海上封鎖英國，逼迫英國屈服，其手段甚至比一戰更激烈。1940 年征服挪威和法國後，德國就有了進入大西洋的潛艇和運輸基地。英國在潛艇攻擊中損失慘重，但很快就採用更精良的護航船隊，以確保補給物資能持續橫跨大西洋。德國的許多海上突擊艦，例如俾斯麥號戰艦，都在 1941 年遭英國擊沉；美國在同年 12 月的參戰，也大幅提升了造船的規模，因而能與德國的潛水艇抗衡。事實證明，潛水艇的確有戰術行動上的影響，但在戰略層次則不然。

日本決心阻斷國民黨的補給路線，並掌控石油等資源；而希特勒的勝利削弱了西方帝國，更助長了日本的氣焰。英國、荷蘭和法國當時都很脆弱，日本也決定攻擊美國，以防止美國干預其擴張主義，瞄準的目標是

▲日本對美國太平洋艦隊的奇襲是戰術上的失敗，只帶來了短暫優勢，美國依舊是世界領先的經濟體。珍珠港奇襲行動也出現失誤，而並未成功摧毀島上的重要機構。

▲ 1942 年登陸瓜達康納爾島的美軍。這是初期對日本展開反擊的關鍵戰役，在高溫潮濕、疾病叢生的島嶼歷經一番苦戰後，美軍取得了勝利。

美國的殖民地菲律賓和夏威夷珍珠港的海軍基地。隨著希特勒協助盟軍日向美國宣戰，戰爭的規模更加擴大。

到 1942 年 5 月底，日本已迅速取得重大戰果，從英國手中征服香港、馬來亞、新加坡和緬甸，奪取荷蘭的東印度群島（印尼），以及菲律賓和美國在西太平洋的基地。對英國來說，失去新加坡和大量的軍隊可以說是奇恥大辱。

日本的飛機（短暫的）飛行在東印度群島和澳洲北部上空，使這些地區倉促的準備對抗侵略。然而，**日本的進軍造成國內資源緊繃**，在 1942 年 6 月的中途島戰爭，更有四艘航空母艦遭到美國俯衝轟炸機擊沉，**這導致日本在太平洋地區大膽的進攻規畫被迫終止**。美國從索羅門群島的瓜達康納爾島開始介入戰爭，與日本對抗。在島上叢林地帶的艱苦戰鬥，成了情勢逆轉的關鍵。

■ 戰爭的工具
大量、快速生產才是關鍵

機動性主宰了戰爭的情勢。陸上的坦克、海上的航母，以及空中的戰鬥機，此時戰爭工具的數量已經達到前所未有的高點，其技巧及戰術上的運用，也會帶來戰略上不同的影響和效果。然而，其他比較沒那麼引人注目的武器系統也相當重要，例如砲彈就是戰場上主要的奪命武器，這點和一戰時相同。

同樣的道理也應用於海上，對於航空母艦的重視之餘，卻往往忽視了戰艦的重要性。戰艦能轟炸沿岸的目標物，為登陸提供支援。德國的潛水艇雖未能成功切斷英國的補給，但美國的潛水艇對付日本時卻效果顯著，打擊了其帝國的軍事和經濟系統運作。

大量生產的武器載具，例如蘇聯的 T-34 坦克，以及美國雪曼坦克的數量，對戰局影響也至關重要。**事實上，它們比德國坦克更為實用**，例如我們常聽見的虎式坦克一型、二型和豹式戰車；**德國坦克的規格、性能雖然都很出色，卻無法快速大量生產，也面臨嚴重的維修問題**。我們也不能輕忽反坦炮的實用性，該類型火炮造價較低廉，也很容易操作。

改良性能也是很重要的一環，例

▲德國聚焦在高規格坦克車的發展，例如虎式坦克，但美國與蘇聯成功製造了大量結構較為簡單，耐久性更高的坦克車。

如美國就成功開發了長程的野馬戰鬥機。這大大提升英國與美國，對德國大規模轟炸的可行性。動力登陸艇的應用也提升了兩棲部隊的攻擊範圍；因此，同盟國的部隊可以在海灘上登陸，而不再需要先攻下港口。

當時也使用了許多新式武器，其中值得注意的是德國的火箭和噴射機。然而，**真正完全扭轉戰局的，只有美國的原子武器**。這項發展反映了美國知識經濟的成熟度、規模和資源，以及美國政府對於財經的掌控，得以投入大量成本來支持這項計畫。

1943 年：同盟國的反擊

1942 年，日本與德國在依序在中途島、阿拉曼、史達林格勒戰役中受挫，但仍然掌控了大片的領地。1943

年，同盟國在許多戰線都開始反擊，發動多次進攻，但他們最主要的努力還是在準備隔年的全力攻擊。軍備生產和訓練是其中的關鍵因素。

美國在太平洋對日本帝國施壓，得到許多兩棲部隊行動的珍貴經驗。在庫爾斯克會戰中，蘇聯擊退德國在東線戰場最後一次的猛烈進攻，並且進一步將德國逐出烏克蘭東部。英國和美國攻打義大利，征服西西里後登陸本島，使墨索里尼政權垮臺；然而當德國介入後，他們便遭受更激烈的抵抗。

同年五月，英、美兩國於大西洋戰爭中打敗德國的潛水艇。這為盟軍在英國安全集結資源奠定了基礎，並準備好展開入侵法國的「第二戰線」，蘇聯對此強烈施壓。同盟國全力逼迫軸心諸國無條件投降，為的是避免不同參戰國之間分別達成和平協議。

種族之戰
血腥的大屠殺

「這不是第二次世界大戰，而是偉大的種族之戰。」1942 年 10 月，納粹黨政軍領袖赫爾曼·戈林如此說道。希特勒對於猶太人的偏執和強烈恨意，促成了種族大屠殺，目的是殺死所有的猶太人並終結猶太教。

1943 年 4 月，希特勒脅迫匈牙利攝政王霍爾蒂·米克洛什（Horthy Miklós）將猶太人送到滅絕營，宣稱猶太人將遭受「結核桿菌般的對待」。在希特勒歇斯底里的憎恨中，超過 600 萬猶太人被屠殺，其中有 300 萬是波蘭的猶太人。

這一切的中心是一系列的滅絕集中營，其中最惡名昭彰的是奧斯威辛集中營，有超過 100 萬人被毒氣所殺害。除此之外，也有許多猶太人是被黨衛軍殺害。除了德國的屠殺外，包含同盟國在內的許多被占領地，例如克羅埃西亞、羅馬尼亞、斯洛伐克和法國維琪政府，都出現積極的民政合作者。猶太人被他們塑造為危險的外來者，必須消滅。

日本在中國進行的大屠殺雖然同樣令人髮指，但其規模和意圖卻遠不及納粹大屠殺。而此次戰役中，另外一起種族滅絕的對象則是羅姆人（吉普賽人）[2]。

▌大後方
軸心國的主要勞動力：
軍伕、俘虜

　　大後方的壓力再次提升，由於一戰的經驗，以及德國與蘇聯的威權意識型態，意味著戰時動員必須更加急切。因此，在英國與美國內部，從一開始就採行徵兵制。英國和蘇聯也相當成功的讓眾多女性加入勞動人口；相對的，德國與日本依賴嚴苛的強迫勞動。

　　1944 年 8 月，將近 600 萬外籍勞工加入大德意志帝國（Greater German Reich），再加上戰爭的俘虜，為德國的農業及彈藥生產提供了一半以上的勞動力。日本也同樣使用大規模的強迫勞動，主要來自韓國、中國、荷屬東印度群島及緬甸，而勞工環境相當

▲庫爾斯克會戰中的蘇聯軍隊。此役是德軍最後一次對蘇聯發動大規模進攻，期間發生了史上規模最大的戰車會戰。

---

[2] 編按：納粹屠殺的一部分，估計約有 150 萬人遭到迫害。

▲二戰期間德國採用強迫勞動，替代了投身軍旅的大量德國男性。

嚴苛；大部分的勞工投入建築及經濟活動，還有不少女性成為性奴隸。

除了故意屠殺平民外，殘酷的殖民政策（如糧食控制）也造成了大量傷亡，例如荷蘭地區在 1944 年冬天，有數萬平民因為德國控制糧食配給而死亡。他們在挪威北部也使用了同樣的政策。

蘇聯對待其人民的方式也相當苛刻，實施全面控制。克里米亞韃靼人的全部人口（估計約 19 萬 1 千人），在 1944 年 5 月被驅逐至蘇聯轄下的中亞地區，因其被控告於 1942–1944 年間，與占領克里米亞地區的德國人共謀。他們被趕上火車，禁閉在擁擠且疾病肆虐的環境中，許多人都死於長達一個月的旅途。根據估計，大約有 10 萬 8 千名克里米亞韃靼人在放逐過程中死於飢餓、寒冷和疾病。之後許多人都被迫投入勞動，種植棉花；假如無法達成規定的產量，甚至會遭到監督者毆打。

由於強烈密集的轟炸造成大量傷亡，後勤補給對許多國家來說都更加

迫切。**即便是極權國家，掌權者也必須爭取公眾支持，其中也包含群眾的再教育**，牽扯層面從飲食習慣到政治目標都有。當時海報、影片、廣播、報紙和照片都被用於招募人力、提高生產力、激勵士氣、協助推行配給制度，以及保留資源。這些都將大後方與前線相互連結。

如果在意平民的士氣，就意味著必須花費相當心力在對內宣傳上。因此，政府強力推廣其意識形態之餘，也要宣傳其過去的國家神話。於是史達林對「俄羅斯母親」的強調不亞於共產主義，並且從電影中尋找英勇國族主義的例子；英國和德國也採取了同樣的手法，例如德國的史詩片《科爾貝格》（*Kolberg*）[3]，記述的就是1807年的一段日耳曼英雄事蹟。

然而大眾對此的回應，卻往往不如戰爭期間政府宣傳的那樣團結一心。舉例來說，納粹在戰爭開始時就必須面對大眾的冷淡反應；在英國，則有貿易工會發起的罷工，特別是在蘇聯與德國結盟的那段時期；義大利民眾的不滿，對於墨索里尼政府最終垮臺也有著深遠的影響。

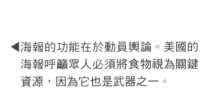

◀海報的功能在於動員輿論。美國的海報呼籲眾人必須將食物視為關鍵資源，因為它也是武器之一。

---

[3] 編按：於 1943 年開拍，動用了約 5 萬名現役德軍，腳本則參考了猶太文學家的同名作品。

▲ 1945 年反英國的「退出印度」運動參與者堵住鐵路。此抗議行動驅使官方採取強硬態度，也使得英國
意識到必須考慮新的戰後選項。

▲ 1944 年的法國反抗軍戰士。女性在對抗德國和日本統治的運動中扮演了重要角色。

反英運動，為去殖民埋下種子

　　戰爭反映出英國統治下印度的緊繃情勢。不過軍隊的忠誠度無庸置疑，而且是歷史上最龐大的志願軍隊。1943 年到 1945 年間對日本的戰爭中，軍隊的專業實力和能力日益提高。戰時的印度化政策，特別是在軍隊指揮

管理階層，可說是英屬印度令人眼睛一亮的一面。

　　然而在 1942 年，印度國民大會黨發起了「英國退出印度」運動，其中部分的原因是不滿 1939 年，總督未曾徵詢民族主義派領袖，就同意讓印度投入對抗軸心國的戰爭。火車鐵軌被連根拔起，面對大規模的公民不服從

運動，與緬甸對日抗戰前線的通訊也因此失靈。大部分的印度警察和民政單位都處於被動狀態，導致政府必須派出軍隊，共逮捕了超過 10 萬人。

民族抗爭和後續發展

大後方和被敵對境外勢力占領的地區截然不同。種族偏見使得在東歐的德國人、在中國的日本人處境格外險惡嚴峻；波蘭、南斯拉夫和俄羅斯等被占領地區的反抗尤其強烈。雖然使用激烈手段，但德國未能成功鎮壓南斯拉夫的反抗；不過他們殘暴的壓制了 1943 年的華沙猶太區起義，和 1944 年華沙起義。

然而，暴力並不僅限於這些地區。德軍部隊會射殺大量平民，在西歐地區也不例外。參與暴力抗爭的人數在各地都有所不同，主要取決於當地的政治、社會、地形和天然屏障，以及德國提出的要求。

然而在戰爭結束後，關於抗爭的記錄會成為政治和身分認同的重要辯論議題。因此，法國的共產黨聚焦於稱頌反抗者，而軍事家夏爾·戴高樂（Charles de Gaulle）則將重點放在正規的軍隊和國家上。

1945 年：盟軍取得勝利

當同盟國一再取得勝利，德國與日本面對的壓力便大幅提升。最重大的事件是蘇聯進軍並橫跨波蘭和巴爾幹半島地區，重塑了東歐大部分的控制權。德國因此受到沉痛的打擊，德軍的主要部隊在 6 月到 8 月間，承受蘇聯造成的重大傷亡（巴格拉基昂行動），因此無法以良好的狀態應對英美聯軍的諾曼第行動。德國在接下來的諾曼第戰役中戰敗，而同盟國軍隊解放了法國與比利時。然而，同盟軍的進攻在德國邊界附近及荷蘭都遭到德軍阻擋，而英國的空軍則在阿納姆被擊敗。

德國之所以能繼續奮戰，反映了其帝國的殘暴與狂熱，以及大多數德軍對國家的支持。12 月的突出部之役（Battle of the Bulge），德軍目的是要對英國和美國造成嚴重的傷害，使兩國各別提出談和；然而，戰爭的結果

▲ 1944 年 12 月，突出部之役中德軍士兵橫越道路，經過燃燒的美軍戰車。

卻徹底失敗。一開始雖然因為人數和突襲而取得成功，而後卻很快遭到阻止和擊潰。

在太平洋地區，日本海軍因為馬里亞納群島和雷伊泰灣的戰敗而損失慘重，航空母艦發揮了關鍵作用，美軍成功登陸菲律賓。日本雖然在中國南方得到重大成果，卻沒能在緬甸－印度戰線擊敗英國。

同時美、英也加強對德國的轟炸，並造成嚴重的經濟損害。雖然轟炸導致平民喪生，在事後飽受批評，但也成功削弱了德軍的士氣；有一說是德軍從 1944 年起使用 V-1 火箭和殺傷力更強大的 V-2 火箭，因此招來英美的反擊，似乎也合情合理。

蘇聯攻下柏林後，同盟國換來德國的無條件投降。於此同時，英美聯軍奮力橫渡萊茵河，占領德國西部。

原子彈，拯救了無數人類性命

美國工業實力和新興武器的結合——原子彈，逼迫日本無條件投降。在柏林外的波茨坦會議中，同盟國的領導人們在擊敗德國後，於 1945 年 7 月 26 日發表波茨坦宣言，要求無條件投降、占領日本、放棄海外的領地，以及建立民主制度。假如日本不從，他們威脅將帶來「立即且完全的毀滅」。然而日本政府決定忽視宣言，認為那不過是政治上的最後通牒罷了。

當年稍早，美國在取得硫磺島和沖繩的過程中損失慘重，因而判斷**為了阻止日本自殺式的戰鬥意志，和要求其無條件投降，使用原子彈是必要之惡**。8 月 6 日和 9 日的原子彈攻擊，造成約 28 萬人死亡；有些人立即死去，有些則是死於後續的輻射中毒。8 月 14 日，日本同意無條件投降。假如戰爭持續下去，轟炸和侵略行動無疑將造成更多死亡。日本同樣也承受了美

國、英國和蘇聯持續逼近的壓力。蘇聯攻下了滿洲地區，並且前進到韓國。英國的軍隊則計畫侵略馬來亞。

戰敗國德國（包含奧地利）與日本都受到軍事占領。兩國的領導人也接受審判，而審判地點在德國的紐倫堡，許多戰爭犯受到處置。而後，卻有一些荒謬的言論在抱怨此舉為「勝利者的正義」，無視受制裁者確實發起了這場史上最具毀滅性的戰爭，並且殺害大量的生命。

1939–1945 年世界經濟
民主兵工廠，美國經濟就此起飛

戰爭時期的關鍵經濟，亦即羅斯福口中的「民主兵工廠」（Arsenal of Democracy），指的就是美國。戰爭期間，**美國工業快速發展，是 20 世紀最戲劇化的經濟躍進**。與一戰相比，美國動員資源的速度和廣度都前所未見。美國從經濟大蕭條中快速恢復，整體生產力在 1939 年到 1944 年間提升了大約 50%。這樣的成長對美國經濟影

▲長崎上空的蕈狀雲。美國投下原子彈，成功使日本投降，因此拯救了許多美國和日本人的性命。這也顯示出美國前所未見的戰爭實力。

響深遠,並且反映了國際和國內情勢的息息相關。

美國之所以能建立經濟發展,部分是因為輕度規範的資本主義,而非威權社會中的強制規範。羅斯福總統在 1930 年代與大部分的企業都保持不錯的關係,於是藉此創造出了龐大的戰爭機器。「戰爭資源部」(War Resources Board)在 1939 年成立,目的是為了整備工業,為戰爭提供穩定的基礎。

通用汽車董事長威廉‧克努森(William Knudsen)所領導的「生產管理局」則於 1941 年成立。生產線的目標和技術都以戰爭為焦點,而這樣的策略成效卓著。他們總共產出價值 1,860 億的彈藥,以及輸送彈藥所需的基礎設施。

到了 1943-1944 年間,美國生產的彈藥占世界總產量大約 40%;而光是美國,彈藥產量就已經超越軸心國,並且**向同盟國的夥伴提供坦克、戰機及其他武器。這其中有部分是透過貸款**,例如與英國的租借法案。

1939-1945 年間,美國生產了超過 30 萬架飛機;相較之下,英國與德國只有 12 萬 5 千架,蘇聯 9 萬 9 千架,日本 6 萬 5 千架,而義大利則是 9 萬 9 千架。

美國的彈藥輸出,乃是基於更廣義的工業革命。1944 年,美國生產了 9 千萬噸的鋼,占了世界總產量的一半。同盟國在二戰期間生產的 4,200 萬噸船舶中,大部分都是美國製造。其中許多船艦都是「自由輪」[5],通常能在 10 天內建造完成,使用生產線預先製備好的零件。當時也發展全焊接船舶的技術,製造速度比鉚接船更快。雖然德國潛水艇擊沉了超過 144 萬噸的油輪,但美國油輪的噸位仍從 1942 年的 433 萬 6 千噸提高到 1945 年的 1,310 萬噸。

美國社會的彈性,也帶來了直接的幫助,其中包含人們對於女性進入勞動力市場的態度。到 1944 年底,造船工業中超過 15% 的勞工是女性。**美國人口與經濟的重大改變,都來自戰時製造業的發展**,特別是戰機和船艦

---

[5] 編按:Liberty ship,美國大量製造的貨輪,二戰中美國工業的一種象徵。

製造。

華盛頓、奧勒岡和加州的人口大幅成長，因為這些地區有許多工業廠房；戰爭結束時，超過 800 萬人口永久移居其他州，其中包含來自南方的非裔美國人，希望在中西部或太平洋沿岸找到工廠的工作。由於戰爭的緣故，美國太平洋沿岸的地位日益提高，但大西洋－中西部的核心經濟地位依然重要。

美國受益於相當成熟的經濟基礎建設，超越了 1930 年代的內需經濟，為的是**創造以生產力為導向的政治共識，追求國際影響力**。聯邦政府的資源、重要性大幅成長，稅收和政府支出也顯著提升，後者更超過 3,170 億美元，其中近 90% 都投注於戰爭中。

當世界大多數地區都陷入殘破或

▲大量生產的技術在美國格外成功，使它成為世界領先的生產製造者。

債務中時，**美國在 1950 年代成了主導者，擁有超過世界一半的財富，以及超過 60% 的黃金儲備**，但人口卻只占了世界的 6%。

高就業率與優良的戰時薪資，助長了美國社會的樂觀主義，這與其他主要社會相比可說相當幸運，主要的原因是外國的占領和轟炸，都僅局限於美國在太平洋的領土，重要工業區都落在空襲範圍之外。

戰爭所留下的影響，包含了「美國是世界最偉大國家」的概念，而且

▲「自由輪」傑洛米亞‧歐布萊恩號（SS Jeremiah O'Brien）。美國的造船產業在後勤上支持著這場世界大戰，對於同盟國戰略的執行至關緊要。

以後也應當如此。這樣的觀點大幅影響了美國在冷戰時期所扮演的角色，也讓美國更願意持續冷戰的狀態。

規畫戰後的世界
冷戰開端：雅爾達會議

所有勢力在參與戰爭的同時，也在規畫戰後的局面，其中包含了一系列的國際關係及國內政治的策劃與預測。希特勒認為德國是世界強權的中心，足以支配大部分的世界。為了達成目標，他甚至拆除半個柏林來建立符合這等強權的「世界之都日耳曼尼亞」（Hauptstadt Germania）。實務上，他的雄偉規畫恰好反映了納粹政策的中心思想，也就是缺乏人性。

相較之下，史達林深信資本主義注定毀滅。他認定戰爭時期的同盟關係無法在戰後延續（這可以說是個自我預言的實現），讓他決定擴張蘇聯的影響力，並且透過占領的方式，取得直接的領土控制，藉此降低遭受類似於德國 1941 年奇襲的風險。

為了應對蘇聯的野心，英國希望能限制蘇聯在東歐取得的土地，尤其是那些以犧牲波蘭為代價的地區；然而蘇聯對當地的控制很穩定。於此同時，英國也希望讓蘇聯持續參與戰爭，並且確保和一戰時不同，美國能維持和平條約。

羅斯福總統對邱吉爾的警告心存懷疑，因而過度輕忽史達林的野心意圖。然而，英國在同盟國策略決定的地位從 1942 年就受到削弱，1944 年更是如此，主要的原因是其同盟國家，在經濟實力和軍事力量等都取得了更大的成就。

有些人宣稱，羅斯福與邱吉爾在 1945 年 2 月的雅爾達會議時將東歐（尤其是波蘭）賣給史達林；然而，這些人忽略了當時的東歐，早已被蘇聯的部隊占領。儘管如此，這樣的宣言還是使往後對於此和約的爭議不斷，特別是 1989 年，共產主義在東歐的統治垮臺時。當時東歐地區的人們，對於戰爭結果抱持的負面看法，遠比過去更嚴重。

雅爾達會議中的三巨頭：邱吉爾、羅斯福、史達林。這是三大同盟國重要人物最後的會議，其中英美兩方不得不接受蘇聯控制大部分的東歐地區。

▲聯合國的總部位於紐約，反映了戰爭時期同盟國的目標，但隨著盟軍體系崩潰，卻成了冷戰時期的戰場。世界銀行和國際貨幣基金的總部也在美國，同樣是戰後秩序下的新興機構。

第六章

戰後世界
的誕生

1945–1956

　　二戰後，緊接著是美國與蘇聯各自的盟軍體系爭奪世界霸權，以及歐洲殖民體系面對了不可避免的終結問題；其背景除了因為世界經濟從戰爭中大幅恢復，另一個關鍵因素則是戰後「嬰兒潮」，為經濟成長提供了大量的勞動力，促進社會改變，但同時也造成了環境問題。

　　現代主義蔚為潮流，在政治上促成了新的機構，例如聯合國；在藝術層面則出現了打破傳統音樂概念的「不和諧音」，以及建築師柯比意（Le Corbusier）、密斯・凡德羅（Mies van der Rohe）的現代化水泥和玻璃建築。

全球化組織的成立

聯合國、世界銀行，美國在領導世界

正如美國所規畫的，戰爭促成了新的國際基礎架構。最著名的就是聯合國，成立的目的是取代國際聯盟，成為更「有力」的國際單位，而原因也不只是美國加入而已。

1943 年，美國、蘇聯、英國和中國在《莫斯科宣言》中達成協議，其中包含建立「共同性國際組織，以主權平等為原則」；其結果就是 1945 成立的聯合國，而世界大戰的勝利者（美國、蘇聯、英國、法國和中國）組成了安全理事會。1948 年，聯合國大會通過了《世界人權宣言》。

為了避免第二次經濟大蕭條，國際的經濟基礎機構也因而成立。在 1944 年的《布列頓森林協定》下，成立了由美國支持的貨幣單位：國際貨幣基金組織和世界銀行（兩者的總部和聯合國一樣都位於美國），目的在於積極強化全球財金系統。

作為自由經濟秩序的一部分，自由貿易受到大力的支持；而**美國也強烈支持去歐洲帝國殖民化，並建立獨立的資本主義國家**，這些國家通常會追隨美國的領導。簽訂於 1947 年的《關稅暨貿易總協定》則大幅降低關稅，慢慢重新建立自由貿易，並使之蓬勃發展。這同時也被視為孤立共產主義的手段。

歐洲的冷戰

東歐落入蘇聯掌控

戰後歐洲大部分的地區都陷入斷壁殘垣，於此同時，**蘇聯則開始利用其 1944 年後在東歐取得的軍事優勢，強化對該地區的控制**。愛沙尼亞、拉脫維亞和立陶宛失去國家主權，而戰爭前波蘭有 48% 的領土都落入蘇聯手中，東普魯士北部、捷克斯洛伐克與羅馬尼亞亦然。此外，他們也在東歐建立了共產主義政權。

反共產黨的游擊隊被打敗，並受到殘酷鎮壓，特別是波羅的海地區、烏克蘭和波蘭。共產黨官方採用大量監禁和折磨的手段，並且重新開放納粹的集中營來收容其統治下的受害者。

這些行動都證實了，1946 年 3 月邱吉爾在美國密蘇里州富爾頓演講中的宣告：「鐵幕[1]正從波羅的海地區向亞得里亞海降下。」

芬蘭和希臘則是其中的例外：芬蘭在蘇聯的逼迫下選擇中立，而共產黨在 1949 年試圖控制希臘卻未成功。希臘的保皇黨得到英國支持，而 1947 年 3 月後，則因為杜魯門主義阻止共產黨擴張的影響，而改由美國支持，向希臘提供武器和顧問。

更廣泛來說，**美國的角色與一戰後完全不同，將會以「干預主義」為主要策略。**西歐同樣也擔心共產主義支持者的增長。國際貨幣基金、世界銀行和關稅暨貿易協定的建立，都反映了**經濟上的失靈**（例如大蕭條），**是造成政治極端主義的主因**；並使得美國在 1947 年的「馬歇爾計畫」[2]中，投入 130 億美元來幫助經濟重建，也因此能應付歐洲－美國貿易的重大逆差。

共產黨將此計畫視為美國擴大影響力的手段（事實也是如此），於是拒絕接受援助。這造成的結果就是歐洲的經濟與財政出現落差，且與當地的地緣政治和軍事分裂大致相符。

1948-1949 年，共產黨封鎖西柏林鞏固前線，希望奪取其掌控權，卻被英國與美國成功的大規模物資空投破壞。然而，1948 年的一場政變讓共產

---

[1] 編按：指歐洲冷戰時期與共產國家的分界線。

[2] 編按：官方名稱為「歐洲復興計畫」。

冷戰的前因

1945 年 2 月 4 日	羅斯福、邱吉爾與史達林在雅爾達會議碰面
1947 年 3 月 12 日	美國對外政策杜魯門主義形成
1949 年 1 月 5 日	蘇聯經濟互助委員會建立
1948 年 4 月 3 日	馬歇爾計畫展開
1948 年 6 月 24 日	柏林封鎖開始
1949 年 4 月 4 日	北大西洋公約組織成立
1950 年 6 月 25 五日	韓戰爆發
1952 年 2 月 18 日	希臘、土耳其加入北大西洋公約組織
1955 年 5 月 14 日	華沙公約組織建立

黨控制捷克斯洛伐克,將共產黨的邊界又向西推進,並且威脅到鄰近德國南部的美國占領區。

為了因應這樣的情勢,美國在1949年成為「北大西洋公約組織」(縮寫為 NATO)的創始成員。該組織將

▲ 1948-1949 年間的柏林空投。英國與美國的空軍使柏林人民能承受蘇聯的包圍,並阻止蘇聯勢力向西擴張。

◀支持馬歇爾計畫的海報。美國支援歐洲的目的在於幫助戰後復興,且保護其不受共產主義影響,這也在歐洲大陸劃下了冷戰時的界線。

美國、加拿大與西歐國家（法西斯的西班牙除外）連結，建立西歐的安全框架。能載運核彈的美國戰機在英國建立基地，使他們的武力得以威脅蘇聯境內，強化了北大西洋公約組織的軍事力量。

1952 年，北大西洋公約組織的同盟國範圍，亦即北大西洋和西歐，繼續擴大並納入希臘與土耳其。這樣的同盟阻擋了蘇聯的進攻，並且為西歐的政治穩定提供了關鍵背景，也促成了其後的經濟成長。

900 萬德國人逃離東歐

除了領土轉移，人口移動也是鞏固和平協議的重要面向。日本移民被從中國和韓國驅逐，或是受到蘇聯監

禁，面對強迫勞動。1945–1946 年間，超過 900 萬德國人逃離或被迫向西離開東歐，其中有將近 300 萬人離開捷克斯洛伐克。這反映著戰爭帶來的大規模人口遷移，或所謂「種族淨化」，即便戰爭結束後依然持續發生。

波蘭人被從蘇聯在烏克蘭獲得的領土中驅逐，並在德國人閒置下的土地重新定居。在德國屠殺猶太人後，使得利維夫（Lvov）等城鎮蘇聯化。而波蘭人則將德國人從他們獲得的土地中逐出，包含東波美拉尼亞（Pomerania）、西利西亞（Silesia）、但澤（Danzig）和東普魯士的一部分，取而代之的則是來自蘇聯統治區的波蘭人。

這些城市被波蘭化，布列斯勞（Breslau）成了弗羅茨瓦夫（Wroclaw），

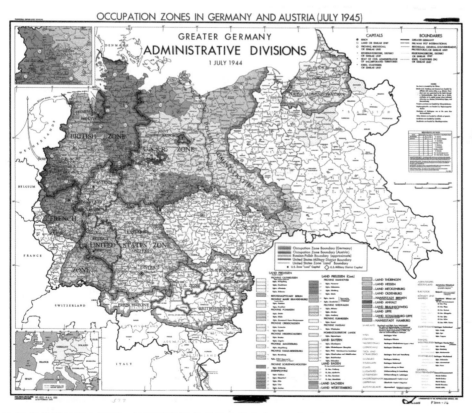

▲ 1945 年後柏林的占領區。曾經希特勒的「偉大德意志」如今被劃分，部分領土歸還給被占領的國家，部分則由戰勝國接管。

◀曾經以德國人為多數的城市「但澤」被波蘭化，重新命名為「格但斯克」。這是東歐在二戰後種族重新劃分的一部分。

但澤則更名為格但斯克（Gdańsk）；同樣的過程在其他地區也很常見，舉例來說，義大利人被逐出他們在南斯拉夫的前領土（伊斯特拉半島），以及希臘和非洲。這類人口遷移短期的影響除了痛苦，還有使人們關押在不衛生的難民營中；長期的結果則是埋下仇恨的種子，儘管這時德國與義大利在政治上的影響相當有限。

戰爭結束時，德國區分為美國、英國、法國和蘇聯勢力的占領區；然而，法國計畫終結 1866–1871 年的德國統一，並將德國轉化為數個自主國家，卻遭到拒絕。

史達林追求的是更高度的控制，戰爭後的賠償——蘇聯要求西方國家占領區域支付，並且提出英國占領的重要工業區「魯爾」，必須採取四國共同監管。這些要求雖然遭到拒絕，卻清楚顯示了**蘇聯越來越想限制西方勢力對其的滲透和影響。**

蘇聯統治區後來成為「德意志民主共和國」，或稱為東德；其他國家的占領區則集合起來成為「德意志聯邦共和國」，又稱為西德。這兩個國家差異甚大，前者是共產獨裁國家，後者則是民主國家，奉行市場經濟和西方價值。相同的狀況也出現在韓國與越南。東德希望能控制輿論並封鎖國家，因此殘暴鎮壓不滿者，並且封鎖美國的廣播。相反的，西德擁有更高度的意見自由。

文化和傳統也是差異的關鍵。因此，東德的一些宮殿遭到摧毀，例如柏林宮）和波茨坦城市宮。貴族的宅地也遭到摧毀，或是疏於照顧而破敗不堪，直到共產主義垮臺後才結束。

除了政治統一，蘇聯也想整合經濟

二戰推翻了以往的政治結構，紅軍（蘇聯）在 1944–1945 年間的解放，以及其後建立的蘇聯霸權和共產統治，都為「蘇聯經濟互助委員會」，以及「華沙公約組織」的成立鋪路。

雖然這兩者與西歐的「歐洲經濟共同體」和「北大西洋公約組織」大不相同，卻有些有趣的相似之處。於此同時，**美國霸權參與這些組織的程度較不全面，也較不直接。**

蘇聯追求的不只是政治上的統一，

同時也試圖整合東歐經濟。然而，其發展卻嚴重受限於共產經濟管理先天的缺陷，並且遭受不同國家政府的抵抗，特別是南斯拉夫、阿爾巴尼亞和羅馬尼亞的政府，都希望保持和維護控制權。約瑟普・狄托（Josip Broz Tito）統治的南斯拉夫和恩維爾・霍查（Enver Hoxha）統治的阿爾巴尼亞，分別於 1948 年、1961 年間脫離蘇聯集團。羅馬尼亞也在 20 世紀後期成為獨立國家。

▌去殖民化
二戰後，世界多了 120 個獨立國家

戰爭使歐洲殖民強權精疲力竭，而殖民地的部隊在戰爭中得到的經驗，更幫助提升戰後反殖民的民族主義運動勢力。

如同一戰後的德國，戰敗國之一的義大利也失去其帝國統治力。義大利帝國的終結雖沒有引起太多注意，

▲ 1947 年 8 月 15 日，印度人民在孟買慶祝獨立。英國終結統治南亞的原因有二，一是其追求獨立的壓力，二則是英國無意繼續維持對印度的控制。

卻對某些國家來說至關重要。義大利在非洲的領土被交給英國及法國管理；利比亞最終獨立，厄利垂亞則被衣索匹亞所統治。義屬索馬利蘭併入英國索馬利蘭，而後成為索馬利亞。在歐洲，阿爾巴尼亞從義大利獨立，佐澤卡尼索斯群島（又稱十二群島）則由希臘取得（土耳其因其中立狀態而錯失），義大利也失去了部分南斯拉夫的領土。

英國與法國也必須面對新的國際情勢。戰爭期間特殊的發展，讓法國必須允許黎巴嫩及敘利亞獨立。和先前的保守黨勢力相比，**戰後的英國工黨政府對於帝國沒有那麼大的熱忱，並且支持印度獨立運動。**

1947 年，印度分裂為以穆斯林為主的巴基斯坦，領導者是穆罕默德・阿里・真納（Muhammad Ali Jinnah），以及印度教為主的印度。這場分裂伴隨了許多血腥事件，印度政府殘暴的在海德拉巴和部分喀什米爾地區，鎮壓穆斯林反對派。接下來的一年，緬甸（原英屬印度的一省）和錫蘭（現今的斯里蘭卡）也順利獨立。

英國在巴勒斯坦也遇到棘手的情況。阿拉伯與猶太人的暴力事件日益高漲，而英國內部也開始質疑其勢力在當地其實作用不大。英國的統治在 1948 年終結，而後則是**第一次的以阿戰爭。1948–1949 年間的衝突讓以色列獨立，**而埃及和約旦雖然沒能摧毀以色列，卻占領了巴勒斯坦的剩餘地區：埃及得到加薩走廊，約旦得到約旦河西岸地區，其中也包含耶路撒冷古城區。

1940 年代，其他地區也正在去殖民化的過程中掙扎。在東印度群島，荷蘭官方對民族主義者的「警察行動」（police actions），演變成雙方都無法取勝的戰爭。二戰的消耗再加上美國的壓力，使荷蘭放棄掙扎，讓印尼在 1949 年獨立；而荷蘭仍維持對新幾內亞西部的控制，直到印尼在 1962 年占領該地，引起當地的獨立運動。葡萄牙對東帝汶的統治則在 1975 年結束，印尼的占領也在該地帶來同樣影響。

在中南半島（越南、寮國和柬埔寨），法國自 1945 年起就面對去殖民化的浪潮，卻相當努力的對抗；胡志明帶領的越南是衝突的關鍵區域。情勢在 1949 年變得更為艱辛，**共產黨贏得中國內戰，轉而向鄰近的越南民族主義者提供軍需用品，這使當地的衝**

突轉趨國際化。

帝國是殖民地的升級方式

　　美國的關注促成相關條款，於經濟上支持法國在中南半島的統治。然而，美國卻不願意投入地面的部隊或軍備，有部分的原因是英國、澳洲和紐西蘭也都拒絕支援。法國在 1954 年奠邊府戰敗後就放棄了；無視越南獨立同盟會 [3] 的反對，越南被分割為共產黨的北越和反共產黨的南越，雙方都並非民主體制。

　　在其他地區，1950 年代初期的民族主義起義卻較難有所成。英國希望能讓帝國繼續維繫下去，因此鎮壓了馬來亞、肯亞、賽普勒斯的起義。他們在每次鎮壓中都有所獲益，因為起義者的勢力都屬於局部地區（而非全面性），所以能有效削弱反對力量。

　　以馬來亞為例，1948–1960年間的反對勢力是當地華人而非馬來人；1952–1956 年間肯亞的

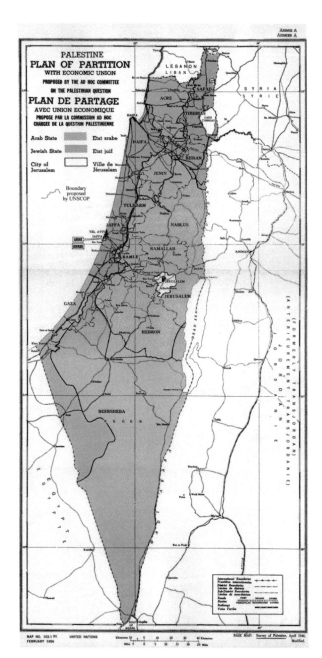

▲聯合國地圖提出以色列與巴勒斯坦的劃分區域，在 1947 年 11 月 29 日通過。

---

3 編按：Viet Minh，簡稱越盟，爭取越南獨立的聯盟。

▲荷蘭在東印度群島的「警察行動」。民族主義壓力造成的衝突，使荷蘭放棄該地，促成印尼獨立。

反對者則主要是基庫尤（Kikuyu）、恩布（Embu）和梅魯（Meru）等部分部落；1955–1959 年間賽普勒斯則是歐卡（EOKA），係希臘賽普勒斯人的準軍事組織。

除此之外，英國也發展出有效的平叛政策，從使用空軍攻擊，到將明顯懷抱敵意的居民從行動區域中移除——與英國往後奉為軍事準則的「最低武力政策」完全相反。

基於對冷戰的憂慮，以及認定民族主義背後都受到共產黨操控（通常是誤認），英國於是選擇依賴軍事武力。其他強權也懷抱類似的感受，共產政權也不例外：在面對反對者時，總是有一定程度的多疑和偏執。

創造新的國家歷史

　　新興獨立的國家必須有新的官方歷史，其中許多也維持至今。在越南河內，國慶日仍然慶祝著胡志明 1945 年宣告從法國殖民統治獨立，而他經過防腐處理的大體，也保存在陵墓中供人憑弔；人們還能參觀他的故居，以及為他所建造的博物館。

　　河內的火爐監獄博物館中，有一座法國殖民越南時留下的斷頭臺，以及反映當時嚴苛環境的模型，例如被鏈條固定在地上的囚犯們。然而，北越獨立後也同樣使用火爐監獄收容罪犯，這段歷史卻未被強調；東德的共產黨也使用了納粹遺留的薩克森豪森集中營。

▲火爐監獄曾經是法國在河內的監獄，如今則被其後興建的建築物掩蓋，就像先前許多殖民建築一般。

1956 年初，歐洲帝國若要再持續數十年，似乎也並非不可能。英、法、葡萄牙和比利時都將自己視為「受託人」，委託者則是那些無法獨立建國的人民。帝國被認為是讓那些國家「升級」的方式：提供原物料和軍隊等資源。從戰略的角度來說，帝國同時也提供了廣大的基地和基礎。雖然以往後的標準來看，帝國思想顯然有些落後，但除了力量之外，它也提供了達成現代化的幫助。**英國正是以此觀點看待自己**，尤其是在非洲地區。

▲肯亞的「茅茅起義」受到英國順利鎮壓，並且囚禁許多叛軍。

中國再次陷入戰火
共產主義在冷戰期間的最大勝利

由於蘇聯決心擴張其共產主義信條，再加上外國勢力企圖推翻，**共產黨與其反對者的衝突迅速擴展為全球化事件**；這使得蘇聯希望打垮西方帝國。這場衝突始於 1920 年代，而**中國提供了格外重要的戰場**。

1946 年開始，國民黨與共產黨的衝突重新展開，後者受到蘇聯的鼎力相助。1948–1949 年間，國民黨的勢力被打敗，並且撤退至臺灣；共產黨則在 1950 年進一步征服西藏和海南島。當時共產黨的成就甚至超越了 1920 年代晚期的民族主義運動，不只因為其統一的地區包含滿洲和西藏，也因為其不須仰賴與軍閥的合作。

中國內戰是共產黨在冷戰期間最重大的勝利，同時也標示了東亞在共產和民主之爭的中心地位；雖然歐洲國家選擇忽視這一點，但美國卻很清楚，使這個議題充滿政治爭議。1950 年，中國和蘇聯簽訂互保條約，受到

蘇聯鼓舞的共產北韓則向南韓發動侵略。日本在二戰後失去韓國和臺灣、南庫頁島、千島群島，以及在一戰後得到的太平洋島嶼。

1949 年，美國拒絕毛澤東提出的外交承認條件，而從那時到 1973 年之間，中國大陸上都沒有美國的外交代表。相反的，美國承認在臺灣的國民黨代表中國政府。

毛澤東認為，反西方的政策對於共產主義合法化至關緊要，是西方帝國主義阻礙了中國的發展。他寫道：「帝國主義勾結中國封建主義，把中國變成半殖民地、殖民地；於此同時，這樣的歷史也使中國人民團結對抗帝國主義與其走狗。」

代理人戰爭
冷戰的主要衝突形式

美國在許多代理人戰爭衝突中都扮演著重要的角色。菲律賓一直到 1946 年都是美國的殖民地，而其保守的政府在 1946–1947 年間無法鎮壓共產黨領導的虎克軍反叛（Hukbalahap Rebellion）。從 1948 年起，美國領導

▲ 1949 年 5 月 21 日，中國紅軍成功攻打上海。

的菲律賓聯合軍事顧問團，開始收到更多美國軍事上的支持，並從 1950 年開始加速對中國和韓國局勢的應對。

當時美國也贊助並提供軍備給菲律賓，讓他們得以面對虎克軍，而土地改革政策也提供了強力支持，叛軍的行動在 1954 年終止。由於菲律賓的軍事基地，使其成為美國在東亞的重要代表。日本也對美國提供軍事和經濟上的支持，讓美國決定終止其戰後對日本的占領。

菲律賓和拉丁美洲一樣，在美國的許多政策制定者眼中，都是非正式美國帝國的一部分，因此需要加以干預。而在拉丁美洲，長久以來美國都以直接或代理人的方式介入國內衝突。

冷戰期間，這樣的代理人角色變得更加強烈，因為許多民粹主義的國家都被視為有共產黨的傾向。哈科沃・阿本斯（Jacobo Arbenz）所領導的

▲菲律賓內戰中遭逮捕的虎克軍戰士。這場菲律賓的起義缺乏鄰近共產國家的支持，於是受到美國支持的政府軍所鎮壓。

瓜地馬拉政府由於投入土地改革，就被視為支持共產黨；這也導致 1954 年的瓜地馬拉政變，其叛軍部隊是由美國中央情報局組織、資助、武裝及訓練，並且從宏都拉斯出發，最終也受到美國空軍的支援。在這樣的壓力下，政府被軍隊廢除，並且建立起獨裁的軍政府。然而，美國在 1961 年的古巴就沒有那麼順利了。

韓戰，圍堵政策進入東亞

東亞在 1950 年代再次躍升世界中心。1950 年，美國領導聯合國軍隊幫助南韓，而入侵的北韓軍隊被驅逐回中國邊界。有鑑於此，中國代表北韓的立場介入；毛澤東認為聯合國支持的兩韓統一會威脅到中國，甚至讓國

▲韓戰中的美國軍隊。聯合國部隊以美軍為主，阻止北韓征服南韓，並且削弱了中國干預所帶來的影響。

民黨回歸，並且將美國對臺灣的支持視為示威挑釁。此外，他也希望讓中國成為世界強權之一。

後來毛澤東向史達林尋求協助，而後者也希望中國投入對美國的衝突——這是蘇聯協助中國軍事現代化的條件。韓戰的雙方都沒有獲得勝利，而戰爭持續到 1953 年，造成超過 300 萬人死亡，卻也使雙方的軍事活動更加激進。在美國，軍事工業複合體在經濟和政府架構

▲ 1953 年伊朗政變。民族主義的壓力、冷戰干預、地緣政治以及石油的重要性彼此交互影響，讓伊朗在二戰後成為動盪不穩定的地區。

中扮演的角色日益重要。

韓戰讓美國對於東亞的發展和威脅越來越敏銳，並使其對於共產黨勢力的圍堵政策越來越擴大，例如在日本建立軍事基地，在韓國投入軍隊，並且支持臺灣的中華民國，附近更有美國戰艦駐守。而這也讓美國在歐洲有更大的影響力。

伊朗，美國扶植的政權上臺

冷戰期間，美國取代英國成為伊朗主要的境外影響勢力，1951 年，英國伊朗石油公司被國有化。1953 年，**美國中情局策動的政變**使民粹主義、民族主義且世俗派的伊朗總統穆罕默德·摩薩台（Mohammad Mosaddegh）垮臺。

摩薩台的失勢，使得不受歡迎的親西方國王穆罕默德·李查·巴勒維（Mohammad Reza Pahlavi）得以從放逐中回歸，並穩定其地位。政變的目的是**為了限制民族主義，並且控制伊朗的石油**，而這也因此燃起了伊朗人民對西方的敵意，並且在 1978–1979 年間的伊朗革命和其後都一再被提起。

■ 同盟取代帝國制
阻止中心地區的共產黨擴張

雖然帝國的時代結束時，冷戰達到最高峰，但同時也**有許多非正式的帝國以同盟的形式形成**，反映了不斷變化的國際情勢。1955 年，有兩個這樣的同盟為了限制共產黨在歐亞地區的擴張而成立。

英國與土耳其、伊拉克、巴基斯坦、伊朗組織了「中部公約組織」；而澳洲、英國、法國、紐西蘭、巴基斯坦、菲律賓、泰國和美國則成立了「東南亞條約組織」。這些組織呼應了麥金德對於「邊緣地區」反抗擴張主義「中心地區」的想法，以及尼古拉斯·斯皮克曼（Nicholas Spykman）在《和平地理學》（*The Geography of the Peace*）中對此提出的「邊緣地帶」（Rimland）理論。這兩個組織都利用了「圍堵」的概念，阻止中心地區的擴張。

這些組織突破了 1955 年印尼的萬隆會議以來，非州與亞洲的反西方國際化。該會議吸引了 29 個國家，其中包含中國、埃及、印度與印尼，並且

推動了「不結盟運動」。

■ 核子時代
軍備競賽最終促成核武解除

美國對於原子技術的獨占只維持到 1949 年，蘇聯在付出極大的努力，以及針對美國與英國的間諜活動後，擁有了製造核武器的能力。作為回應，美國繼續向前推進，開發出威力大幅提升的「氫彈」，首次於 1952 年試射，並摧毀了太平洋的伊魯吉拉伯島（Elugelab）。**如此對太平洋的濫用，可以說是典型西方強權的作法。**蘇聯對美國的氫彈快速反應，其中包含了發展出足以抵達美國的長程轟炸機。

為了反擊蘇聯在陸地上的軍隊優勢，美國採取的態度是以使用原子武器為優先。1953 年，艾森豪（Dwight Eisenhower）總統威脅使用原子彈終結韓戰。1953–1955 年擔任蘇聯部長會議主席的格奧爾基·馬林科夫（Georgy Malenkov）警告，這可能會造成文明世界的毀滅。而艾森豪也在 1955 年提到，由於放射性物質會隨風傳遞，任何核戰都會摧毀北半球的所有生命。1961 年，蘇聯核子武器的工程師安德烈·沙卡洛夫（Andrei Sakharov）甚至擔心，改良過後的新型核彈將點燃整個地球的大氣層。

軍備競賽代表了前所未見的全新全球化型態，而國際間也開始努力追求解除武裝。這雖然消耗了大量外交能量，但最終也在冷戰中扮演重要的角色。然而，兩大強權間持續的敵意，卻讓國際的努力效果有限。

由於空運、海運及陸運技術的發展，武器運輸的範圍獲得提升，核子武器的能力也隨之增強。美國在 1955 年開發了 B-52 同溫層堡壘轟炸機，大幅提升了美國的投彈能力。B-52 戰機是波音公司研發的八引擎遠程轟炸機，能夠以時速 845 公里飛行，不重新加油的飛行範圍可達 5,800 公里，彈藥裝載量可達 30 公噸，最高飛行高度則是 4 萬 7 千英呎。同時，美國也在發展潛艇的彈道飛彈技術，「鸚鵡螺號核動力潛艇」[4] 是第一艘運用核能的潛艇，在 1954 年啟用。

---

[4] 編按：它開啟了核能潛水艇的新時代，也是第一艘實際航行穿越北極的船隻。

▲ B-52 同溫層堡壘轟炸機。空軍是美國國力的關鍵之一，這使其基地地點在戰略上同樣重要。

反共的美國
保守派興起，經濟成長、連教徒都增加！

1950 年代，美國朝著更保守的方向發展。羅斯福總統的繼任者是他的副總統──民主黨的哈利·杜魯門（Harry Truman）。他在 1945 年羅斯福過世時繼任總統，並在 1948 年的總統大選中驚險獲勝。然而，1952 年的總統大選終結了民主黨 20 年的掌權[5]。

反共產主義助長國內了保守派的思想，尤其是他們將「失去中國」歸因於無法在民族主義與共產主義的抗爭中提供幫助，並且指責民主黨在面對共產黨時太過軟弱；這樣聳動的指控，出自參議員約瑟夫·麥卡錫（Joseph McCarthy）。

麥卡錫是 1953–1955 年間，美國參議院針對政府行動調查的常設小組委員會主席。1950 年，他宣稱自己握有一份名單是國務院內「有黨證的共產黨黨員」，並在 1952 年指稱民主黨統治是「叛國的 20 年」；他善用了電視傳播

---

[5] 編按：由艾森豪勝出，這也是首次運用電視做為政治宣傳。

的潛力，以自己的名義公開宣傳調查，後來被稱為「麥卡錫主義」[6]。然而，蘇聯間諜在其原子彈開發的過程中，扮演了無庸置疑的重要角色，這更加深了美國的危機感。

艾森豪在 1952 年當選美國總統，並於 1956 年連任成功，兩次的對手都是民主黨候選人阿德萊・史蒂文森二世（Adlai Stevenson II），而第二次的勝選差距是 900 萬票。

這個結果表明了，**美國人民普遍對這段時期的經濟成長，以及社會保守主義都感到滿意**。宗教信仰的虔誠也在這段期間上升，**教會的信徒和出席率都增加了**。艾森豪也推動在《效忠宣誓》（Pledge of Allegiance）[7] 中加入「上帝之下」（under God），於美元上加印「我們信靠神」（In God We Trust）。於此同時，大蕭條的記憶依舊刻骨銘心，所以他並未對新政有所更動。

艾森豪的執政時期，可以說是現代美國的背景。在許多層面，1960 年代的新社會和政治潮流都是針對此時保守主義的反動，但許多 1950 年代的改變也有著長遠的影響，其中像是郊區化和汽車文化。

1945−1956 年 世界經濟
美金流入世界各地，汽車、冰箱使經濟快速成長

二戰對歐洲及東亞，都造成了近乎毀滅性的影響。英國承擔的債務太過沉重，所以必須向美國尋求幫助。**戰後，美國對世界經濟的主宰，甚至超過戰爭之初**。美國建立了新的經濟秩序，而這樣的秩序反映的正是其追求的全球性目標。

代表 1900 年代全球經濟的國際自由貿易和資本主義市場，正緩慢在非共產主義的世界重新建構；美國提供的貸款和投資對這個過程相當重要，畢竟在 **1945 年所有主要強權中，也只有美國擁有真正的資金流動性**。美元

---

[6] 編按：用不充分的證據公開指責對方政治上的不忠或思想顛覆。

[7] 編按：向美國國旗以及美利堅合眾國表達忠誠的誓詞。

在固定匯率體系中，扮演了國際儲備貨幣的角色，**大部分的國際貿易、外匯流動性和金融資產都是以美元為主流貨幣。**

美國模式在西方世界發揮了關鍵作用。馬歇爾計畫幫助西歐克服了美元短缺的問題，因而能在貿易與投資中挹注資金，並引入美國式的科技。1945–1973 年間的經濟之所以能快速發展，有部分就要歸功於此。而這段時期後來也被稱為「長期經濟繁榮」（Long Boom）。

更具體來說，這時的發展與較為艱困的 1970–1980 年代初期形成對比。繁榮時期與隨後的艱困歲月（1973 年石油危機帶來的大規模蕭條），都影響了該時期人們的態度。

事實上，經濟繁榮與人們在 1950 年代、1960 年代晚期的享樂主義態度都有所關聯。相對的，窮苦的日子則會造成充滿衝突的政治情勢。在經濟繁榮期間，**美國生產了大量且負擔得**

▲由於擔心共產黨滲透，麥卡錫調查成了美國內部冷戰期間的常態之一。

起的耐用消費品，例如汽車和冰箱。這使美國成為大眾富裕的社會，並且整體來說更具吸引力。好萊塢和電視產業也推了一把，例如影集《我愛露西》（*I Love Lucy*）就傳播了美國生活的正面形象。整個美國看起來相當富裕、快樂，而且是由穩定並受國家保障的家庭所構成。

相對的，在史達林與毛澤東的統治之下，共產世界追求的是不同的社會型態，由大眾努力和共同參與構成；個人的物質產品和家庭受到忽視。

好萊塢也參與冷戰

好萊塢的電影也願意面對社會問題，例如《憤怒的葡萄》（*The Grapes of Wrath*，又譯怒火之花）就是改編自作家史坦貝克（John Steinbeck）1939 年的同名小說，故事內容灰暗，描述

▲福斯金龜車。消費主義是西方經濟成長的關鍵，例如家家戶戶都擁有的汽車。

了二戰後一無所有的頹喪農民——告訴人們不應批評美國的政治壓力，而是要對抗共產黨的「顛覆」。

眾議院非美活動調查委員會（House Un-American Activities Committee）為了美國的國家認同和利益而奮鬥，並且將許多好萊塢中與共產黨有關聯的人士都列入黑名單。除此之外，好萊塢也推出許多反共產黨的電影，例如《紅色威脅》（*The Red Menace*）和《我曾是 FBI 的共產黨員》（*I Was a Communist for the FBI*）。而許多科幻電影也加入了反共意識，有時會反映在人類對外星人的敵意上。

美國電影協會會長艾瑞克·強斯頓（Eric Johnston）是個堅定的反共者，並要求編劇也都必須這麼做。而當時的美國影視演員協會（Screen Actors Guild）主席隆納·雷根（Ronald Reagan）也支持他的做法，認為激進分子與罷工者都與境外共產主義者有牽扯。而雷根後來成為了美國總統。

高速公路，助長連鎖店擴張

1950 年代起，美國內部的距離限制已被克服，最重大的建設是艾森豪政府推動的州際公路系統（Interstate highway system）。其建設的部分原因是為了面對重大戰爭時，可以加快軍隊的反應速度。此外，民航系統也跟著發展。

1956 年，《聯邦政府助建公路條例》（*Federal Aid Highway Act*）授權建造 6 萬 6 千公里的公路網，並**透過提高石油稅來集資 260 億美元以支付興建經費**。這是聯邦（國家）的權力凌駕於各州之上的例子，並在此後控制了道路鋪設的工程。最終，超過 7 萬 4 千公里的高速公路興建完成；而不可避免的，有些路段的建設會對地方造成破壞，例如東岸的 95 號州際公路，就拆除了費城部分城區。

高速公路網也助長了全國性品牌的擴張，這對旅行者來說更明顯，因為販賣相同商品的連鎖店，取代了地方性的餐廳和旅館。然而，這對想要創造全國性品牌的公司來說相當重要，例如菸草公司。

這樣的過程也受惠於電視廣告。電視、電影、流行音樂和職業運動隊伍的影響力擴散至全國，就算還不到

▲艾森豪在 1953 年到 1961 年間擔任美國總統，幫助帶來美國內部和國際關係的穩定。

全國普及的結果，但至少也提升了人們對國內趨勢的關注。

　　民航也成為連結美國的重要交通**方式**。身為自由市場國家，美國並沒有國家航空公司，這樣的情況也持續至今。相對的，曾經是重要長途旅行方式的鐵路，卻開始快速萎縮。**鐵路被汽車所取代的趨勢，與人口從城市中心移動到市郊息息相關。**

社會模型
社會福利政策也是冷戰的一部分

共產世界、西歐和美國，所採用的社會福利制度模型相當不同。在美國，最重要的是自立自強的概念，而新政也沒有再加以延展。

蘇聯在 1945–1955 年間的第四和第五個「五年計畫」，將重工業視為通往力量和進步的道路。相對的，他們對於提供勞工消費產品並不感興趣，但還是嘗試提供健康照護、教育和住居等基本需求；蘇聯的社會制度也嚴厲壓迫所有不被接受的社會和經濟活動，並在某種程度下監管所有人民。然而在西歐，政府轉向社會主義與基督教民主主義，希望照顧勞工階級，使其不受到共產主義的誘惑。

總結來說，福利政策是冷戰的一部分。事實上我們不應該抽離整個情境，來單獨討論這個面向，因為這才能幫助我們理解，為什麼國家會提升政治資本來貫徹相關的政策。

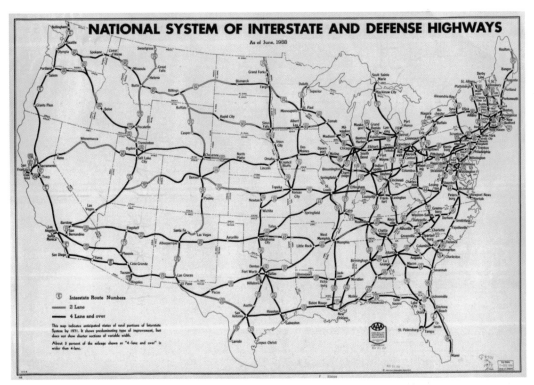

▲ 1958 年美國州際公路系統的地圖，由艾森豪規畫建造。

布拉格之春。1968 年捷克斯洛伐克的共產黨改革運動被快速平定，
主要是因為蘇聯的介入；直到 1980 年代晚期，蘇聯才改變政策。

第七章

主流文化
的衰落

1956-1974

　　美國力量與西歐殖民帝國的結合，使得二戰後
10 年與其它時期的發展大相逕庭。美國飽受越戰失
敗的打擊，而美國主導的經濟秩序也深受金融危機
傷害，1973 年的石油危機更是火上加油。

　　歐洲帝國開始消失，1974 年葡萄牙的革命預示
著最後一個主要帝國的滅亡，安哥拉、莫三比克、
維德角、葡萄牙幾內亞（幾內亞比索）各自獨立，
而東帝汶則落入印尼手中。

太空競賽
重現美國之偉大的手段

籠罩在一切之上的是環境變化，而其中最顯著的例子就是太空世代的展開。當然，我們可以輕描淡寫的帶過，或視為一條死路；但實際上，**太空競賽是 20 世紀最戲劇化的一段歷史。**

這場競賽的背景起源於二戰，而比賽過程則籠罩在冷戰的情境之下。1945 年，美國與蘇聯掌控了科學家，以及一部分德國的火箭計畫——德國的計畫相當殘酷，打算向英國和比利時境內的目標發射 V-2 火箭。

蘇聯早期就對火箭表現出相當大的興趣，也發展出彈道飛彈和火箭引擎。1957 年，蘇聯發射了不載人的人造衛星史普尼克 1 號（Sputnik 1），開啟了新的火箭時代，並且讓美國暴露於蘇聯核子攻擊的威脅之下。

當時史普尼克衛星經常通過美國上空，而《紐約時報》則說這「重塑了」世界的樣貌。林登・詹森（Lyndon Johnson，第 36 位美國總統）也曾說道：

▶史普尼克衛星繞行地球 10 週年的紀念郵票，這顆衛星開啟了蘇聯對太陽系的進一步探索。

▲ 1969 年登陸月球。美國登陸月球，被大眾視為太空計畫不斷累積後的最終成果，但原本只是計畫中的一個階段而已。

「蘇聯會從太空向我們丟炸彈，就像小孩從天橋朝著汽車丟石頭一樣。」

1961 年，蘇聯將第一個人類尤里．加加林（Yuri Gagarin）送上太空，不過他其實並未如宣稱的那樣完成環繞地球一圈的壯舉，因為當時蘇聯對發射和降落的地點，都提供了錯誤的訊息。1965 年，阿列克謝．列昂諾夫（Alexei Leonov）成為第一位在太空中漫步的人類，不過該行動差一點以悲劇收場[1]。

這些事件都吸引了全世界的注意，並且被視為重大的成功及優勢。

為了面對蘇聯的太空發展，美國太空總署（NASA）在 1958 年成立。1961 年總統甘迺迪誓言要為美國太空發展盡一切努力，投入了大量的金錢，這被視為重現美國之偉大的手段。

事實上在 1966 年，NASA 的經費就占了聯邦總預算的 4.4%。當美國人在 1969 年成功登陸月球時，便被視為這場太空競賽顯的贏家。而登陸月球的偉大事蹟能被播送到全世界，靠的則是美國科技的另一場勝利，帶來了嶄新的即時感。阿波羅登月計畫留下了重要的地球照片。假如有一張照片可以代表地球，那多半是出自美國之手。

然而，在龐大的財政壓力下，尼克森（Richard Nixon）總統中止了載人飛行的阿波羅計畫。最後一批太空人在 1972 年出發，對 NASA 的預算造成嚴重的打擊。這讓阿波羅計畫的成就難以定位。雖然得到許多關於月球的知識，但也有許多人懷疑該計畫的價值，而這樣的懷疑來自付出的環境成本。

消費主義的興起
人口成長是關鍵因素

世界人口大幅成長：從 1960 年的 30 億，成長到 2000 年的 61 億。這樣的成長前所未見，不過卻未引起足夠的注意；但我們幾乎可以說，所有的環境傷害都是「一般人們」的錯：生很多小孩、開車、消費產品和資源，並且產生大量廢棄物。其中的關鍵點就是，**都市快速成長所造成的壓力和汙染。**

隨著農業轉型（變得較不勞力密集化），鄉村人口也跟著大量遷移至都市。然而，我們也必須開始思考資源到底如何是被使用的：有錢人會利用財富，消費不成比例的大量國內及國際資源；不過他們的富裕又有部分是藉由這樣的消費展現（享受）來衡量。

在 1950 年代晚期，**冷戰的宣傳面向越來越聚焦於消費者的生活標準。**蘇聯領導人尼基塔・赫魯雪夫（Nikita Khrushchev）和尼克森（當時是艾森

---

1 編按：途中經歷了太空服變形、導航故障等情形。

▲阿波羅 17 號。火箭發射充滿了戲劇張力，除了吸引人們眼球，也為這個時代創造了新的形象。

豪的副總統），在 1959 年公開辯論兩國不同體系的價值。

假如蘇聯的共產系統能為人民帶來更好的生活，那麼統治者們就會相信／害怕世界各地的勞工階級，以及新興獨立的第三世界國家會選擇共產主義。

這種方式不只挑戰了資本主義，也挑戰了支持社會主義的黨派，例如法國和義大利的政黨、英國工黨，以及德國的社會民主黨——共產黨指稱這些政黨都已受到汙染，願意向資本主義妥協。

為了要吸引勞工，東德則從 1957 年開始生產衛星（Trabant）轎車。然而，企業不足的經濟能力，使得衛星轎車平均要 12 年才能交貨。從更一般的角度來說，東德就像其他的共產國家一樣，單調又灰暗。他們的衣著、建築和街燈都是如此風格。和西歐的家庭房舍相比，他們也缺少了能夠裝飾的鮮豔花朵。

汽車、低房貸，使人們搬往郊區

當人們開始抗拒城市的擁擠、骯髒和危險時，就可能出現郊區化的現象；1950 年代最大的驅動力是**汽車文化興起、地價低廉、大量生產的房屋、民眾財富累積，以及購買新屋時可利用的便利低價貸款**。

在社會主義和共產主義的社會中，大部分的事務都經過統一規畫，而規畫的目的是為了公共政策上的目標。將新的房屋移往城市邊緣主要的原因，則是相信該地點的未來價值；

赫魯雪夫對消費主義及冷戰的看法

「這是一場競賽，看誰可以給海灘上享受的人們一杯冰涼冷飲……美國人很懂這些東西。他們了解，如果想讓百姓能活得像古時候的國王或商人，就需要一種『新的奢侈感』。這種平凡的奢侈建立於數百萬種商品——這些商品每個人都能擁有。」

更具體來說，政府希望能區別住宅與工業區。在這類社會文化中，新興住宅區的密集度較高（特別是美國），並且通常是公寓大樓的形式。

郊區擴張在文化上帶來的影響，包含了重要的同質化標準；舉例來說，興建時會使用全國性的都市藍圖和住宅種類，以及購物與休閒設施，大部分都由全國性連鎖企業提供──超級市場成為新住宅區的附屬品。

在美國，民眾需求增加是住宅的關鍵因素，而非政策使然；這樣的情形是受到 1940 年代開始國內生產毛額大幅成長的影響。中產階級能過得起有錢人的生活，則成為 1950 年代美國政治的重要面相。標準住宅中的寬敞廚房與浴室則反映了這些變化。

一般想購屋的民眾距離實現理想越來越近，可以在人口密度較低的地區購買一棟獨立房屋；這是郊區的「拉力」，也就是對特定生活型態的嚮往。相對的「推力」則是對城市，特別是犯罪的恐懼；種族的緊繃關係在「內城區」[2] 扮演了關鍵角色，內城一詞也

▲ 1954 年蘇聯宣傳海報，諷刺了資本主義下的民主。從 1950 年代開始，蘇聯和美國雙方都付出相當的努力，說服人民自己的生活方式優於對方。

因此有了負面意涵，通常會與黑人住宅區連結。

加速去殖民化
民族主義成為蘇、中挑戰美國的武器

　　由於去殖民化的速度加快，冷戰更成了世界焦點。英國、法國和葡萄牙都在努力維持其帝國的地位，但最終皆以失敗收場。雖然民族主義對於反殖民的「自由抗爭」相當重要，但這些抗爭也時常受到共產主義利用。**蘇聯與中國希望能鼓動支持者，來攻擊美國的盟國，藉以間接挑戰美國。**這類攻擊促成了人民戰爭、民族主義與共產革命的概念。蘇聯甚至為此提供了訓練和武器。

▲ 1975 年的美國郊區。洛杉磯附近郊區的擴張，大幅改變了當地風景，並提高了汽車的使用。低密度的寬敞生活成了富裕階層的象徵。

---

2 編按：Inner City，市中心的貧民區。

強權國家雖然試圖從地緣政治和意識形態改變世界的政治情勢，卻不時受到零星社會運動的影響。有些活動實際上或表面上，與冷戰的意識形態衝突有關，有些則否，或至少不是以美國／蘇聯希望的形式發生。

其他觀點和利益之間的衝突，也扮演了一定的角色，其中不只有反帝國的不結盟運動，也包含了更以國家、民族為主的概念。連盟國間也似乎都不太願意接受建議或指引，更別說領導了。

這在美國與法國／以色列的關係中就是個問題[3]；英國也是如此，他們在 1956 年攻打埃及、承認共產中國；更在面對龐大壓力時，仍不願意於越戰中投入軍隊。

大部分關於帝國的歷史論述，都

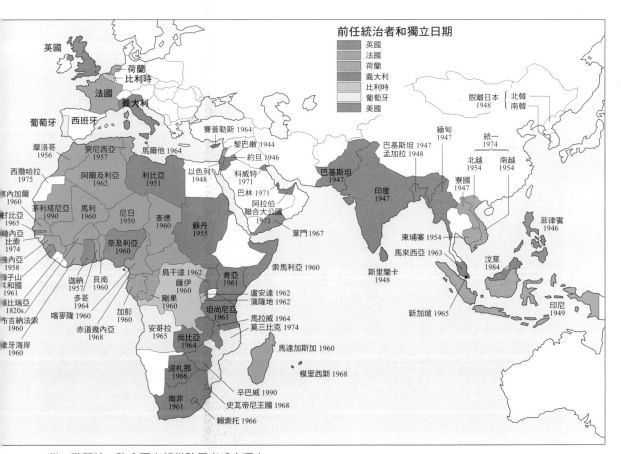

前任統治者和獨立日期
- 英國
- 法國
- 荷蘭
- 義大利
- 比利時
- 葡萄牙
- 美國

英國
荷蘭
比利時
法國
義大利
葡萄牙
西班牙

賽普勒斯 1964
馬爾他 1964
摩洛哥 1956
突尼西亞 1957
西撒哈拉 1975
阿爾及利亞 1962
利比亞 1951
黎巴嫩 1944
約旦 1946
以色列 1948
科威特 1961
巴林 1971
阿拉伯聯合大公國 1971
葉門 1967
巴基斯坦 1947
孟加拉 1948
巴基斯坦 1947
緬甸 1947
統一 1974
北越 1954
南越 1954
寮國 1947
脫離日本 1948
北韓
南韓
印度 1947
柬埔寨 1954
馬來西亞 1963
菲律賓 1946
汶萊 1984
茅利塔尼亞 1960
馬利 1960
尼日 1960
查德 1960
蘇丹 1955
甘比亞 1965
幾內亞比索 1974
幾內亞 1958
獅子山和國 1961
賴比瑞亞 1820s
布吉納法索 1960
象牙海岸 1960
迦納 1957
多哥 1960
貝南 1960
喀麥隆 1960
奈及利亞 1960
烏干達 1962
薩伊 1960
剛果 1960
加彭 1960
赤道幾內亞 1968
安哥拉 1965
尚比亞 1964
波札那 1966
南非 1961
賴索托 1966
辛巴威 1990
史瓦帝尼王國 1968
盧安達 1962
蒲隆地 1962
坦尚尼亞 1961
馬拉威 1964
莫三比克 1974
馬達加斯加 1960
模里西斯 1968
肯亞 1961
索馬利亞 1960
斯里蘭卡 1948
新加坡 1965
印尼 1949

▲從二戰開始，許多國家都從殖民者手中獨立。

---

[3] 編按：蘇伊士運河危機，英、法、以三國攻打埃及，引起美國不滿。

將焦點放在西方強權的罪行，但這其實相當偏頗。事實上，帝國主義也出現在非西方國家，例如埃及。埃及重新展開對利比亞、蘇丹和葉門的侵略與統治；尤其在葉門，埃及在蘇聯的支持下介入其 1962 年開始的內戰。同時也希望推翻英國在亞丁殖民地（今葉門臨時首都）的統治。

除此之外，埃及於 1952 年發生政變，1953 年廢棄民主制度。其自由憲政和政黨政治始於 1923 年，最具代表性的是自由派民族主義政黨「華夫脫黨」（Wafd，又稱埃及國民黨）。

1952 年 12 月《叛國法案》規定，

▲ 1956 年蘇伊士運河危機（第二次以阿戰爭）。英、法軍隊介入阻止埃及將蘇伊士運河國有化。戰略上他們取得了短暫成功，英國傘兵控制了埃爾加米爾（El Gamil）領空。然而，國際政治壓力停止了此項行動。

新政府的反對者將受到（充滿偏見的）法庭殘酷處置；更甚者，被控告發起內戰的「穆斯林兄弟會」，在 1954 年遭到查禁和處決。當時的埃及軍方取得全面控制，並只專注於自身利益；賈邁勒·阿卜杜·納瑟（Gamal Abdel Nasser）上校成為獨裁統治者，此後埃及政府遵循的國家社會主義，再也無法帶來顯著的經濟改善。

1956 年蘇伊士危機

面對帝國的崩潰，英國最主要的挑戰發生於 1956 年的埃及，納瑟上校計畫**將蘇伊士運河歸為國有**，而蘇伊士運河正是大英帝國的重要軸心。納瑟**同時也在挑戰英國、法國在阿拉伯世界的地位**，特別是法國試圖保持對阿爾及利亞的統治，以及英國對伊拉克和約旦等親英君王的支持。

面對埃及的挑戰，英國與法國企圖推翻納瑟政權。雖然他們一開始在 1956 年 10 月的侵略取得成功，不過卻遭受國際抨擊，其中又以美國最積極

反對，原因是英國並未事先徵詢盟國意見，而這樣的策略很可能會將第三世界國家推向蘇聯的懷抱。此外，英國也發現過去統治的國家，不願意提供外交支持，例如影響力較大的加拿大、錫蘭等其他國家。

美國政府拒絕延展任何貸款來支持英鎊，並且表示除非英國從蘇伊士撤軍，否則不得自國際貨幣基金借款。美國也不願意提供任何石油，來彌補中東供給受到的阻礙。在這樣的壓力下，英、法兩國只得撤軍。

帝國的終結
從大英帝國黃金海岸的獨立開始

上述如此辱國的讓步，導致英國政府垮臺，而新的政府於 1957–1963 年間由保守派首相哈羅德·麥米倫（Harold Macmillan）領導，決定從此與大英「帝國」分手。從 1957 年的黃金海岸獨立[4]開始，英國政策實行速度迅速加快，甚至連某些被認為不適合

---

[4] 編按：Gold Coast，該年獨立為「迦納」。

獨立的殖民地（例如 1960 年的賽普勒斯）也如此。繼任的新政府也持續實施這個政策。

英國的盟友也因此受到影響，例如伊拉克親西方的哈希姆君王，就受到 1958 年的左翼軍事政變所推翻。然而，英國成功於同年介入並支持了約旦政府，於 1961 年也介入了科威特的政局。

1960 年比利時放棄了剛果，法國離開了撒哈拉以南的所有殖民地，除了法屬索馬利亞[5] 以外。法國在 1956

▲阿爾及利亞戰爭中，民族主義反對勢力削弱了法國的統治，不過真正的獨立關鍵，則是因為戴高樂政府改變政策。阿爾及利亞於 1962 年獨立，照片拍攝於戰爭初始的 1956 年，圖中是法國的士兵及囚犯。

---

[5] 編按：於 1977 年獨立為「吉布地共和國」。

年就已經允許摩洛哥和突尼西亞獨立，圭亞那則是 1958 年。

然而，法國卻希望保留阿爾及利亞，並且未將其視為殖民地，而是當作法國本國的一部分。然而，理想總是比較美好，阿爾及利亞獨立戰爭造成的負擔越來越沉重。

1962 年，夏爾·戴高樂領導的法國新政府，不顧許多定居當地的白人反對，放棄了保留阿爾及利亞的承諾。相對的，戴高樂關注的是法國在歐洲的身分認同。而且在法國發展原子彈的同時，也意味著不再需要如此大量來自北非的士兵了。

葡萄牙同樣也面對非洲殖民地的起義，從 1961 年的安哥拉開始，接著擴散到莫三比克及葡萄牙屬的幾內亞；這些起義都受到蘇聯和中國的支持。葡萄牙也遇到了軍事僵局，並且造成沉重的負擔——其中主要的來源是徵兵問題，就像法國在阿爾及利亞、美國在越南面臨的問題。

葡萄牙在 1974 年推翻了右翼獨裁體系，接著便快速放棄帝國的領土。1976 年，獨裁者佛朗哥逝世後，西班牙也放棄了其在撒哈拉的領地。

種族迫害，去殖民的最大挑戰

去殖民化中比較棘手的面向，是後來建立的**新政權通常都會使用許多手段，破壞當地的種族和宗教異質性。帝國強權一般來說會支持多元性**，賦予所有人平等的權力，但他們的繼承者卻不是如此，而是**希望讓整個國家與種族都同質化**。

不同的形象

「這一次，奴隸們不再退縮。他們屠殺了一切。」

安哥拉國家解放陣線的領導人奧爾登·羅貝托（Holden Roberto）如此宣告。他們在 1961 年對葡萄牙殖民地發動第一次游擊戰，並屠殺了許多殖民地的人民。

1962 年，一面高大的馬賽克壁畫牆在里斯本一間銀行揭幕，該銀行負責葡萄牙殖民地的貨幣匯兌。壁畫將葡萄牙在非洲的殖民描繪得相當無害，種族關係和諧，並且推動進步及基督教的傳播。以簡單、吸引人的方式誤導大眾。

▲烏干達亞洲裔難民在 1972 年抵達荷蘭。種族歧視的政策，迫使英國統治時期定居於烏干達的亞洲難民
　逃亡。

　　例如在阿拉伯地區，基督徒（特別是猶太人）受到不平等的對待；印度人的後代在斐濟和烏干達受到歧視，而中國人則在印尼、馬來西亞面對相同境遇。

　　1962 年，基督徒與猶太人逃離阿爾及利亞。1967 年，新興獨立的肯亞通過非洲化立法，損害了當地印度人口的經濟利益，使其中 33 萬人移民至英國，但也有更多人選擇留下。有時，歧視甚至會演變為更激烈的殘殺，如印尼的排華事件；除此之外，也曾出現類似種族淨化的慘劇：6 萬亞洲後裔的烏干達人在 1972 年遭到驅逐。普遍來說，種族間的緊繃關係在各地都是常態，在千里達及托巴哥共和國也能看見非洲與印度後裔之間的衝突。

　　捍衛少數非洲白人的利益，與這樣的種族衝突密不可分。事實上，談論國際化時絕不該忽略世界大多數地區都存在的偏見。種族衝突其中一個面向，就是忽略了混血後代的普遍程度與他們在社會中扮演的角色，這樣的情況常見於南非等許多國家。

獨立後重新命名

1964 年獨立後，尼亞薩蘭（Nyasaland）重新命名為馬拉威，北羅德西亞（Northern Rhodesia）變成尚比亞，而南羅德西亞（Southern Rhodesia）則在 1980 年成為辛巴威；其首都索爾茲伯里（Salisbury）原本以英國政治家與首相，第三代索爾茲伯里侯爵命名，則改名為哈拉雷（Harare）。

有些地名則在獨立後一段時間才改變，錫蘭在 1972 年更名為斯里蘭卡，緬甸的英文名稱於 1989 年由「Burma」變更為「Myanmar」，孟買則在 1995 年由「Bombay」更名為「Mumbai」。其他帝國的殖民地也有相似的狀況；法國的殖民地上伏塔（Upper Volta）在 1983 年變為布吉納法索（Burkina Faso）；南越的首都西貢（Saigon）則在 1975 年變成胡志明市。

帝國認同，英國尤甚

在殖民地區定居（特別是在印度）的英國人民社群相較之下都是小眾，獨立之後其重要性又更低了。然而，也有定居者的社群持續存在於前殖民地，例如肯亞。

某些藩屬國也持續保有強烈的英國認同感；1947 年到 1981 年間，共有將近 150 萬英國人移民到澳洲。出生於澳洲的勞勃・孟席斯（Robert Menzies）在 1939 年到 1941 年間及 1949 年到 1966 年間擔任澳洲總理，他宣稱：「從英國到澳洲的移民並沒有失去英國的身分，只是住在大英帝國的其他地區，也只會為了英國真正的利益效力。」然而，從 1980 年代開始，澳洲的移民不再以英國為主流，而是由亞洲人逐漸成為多數。

新的身分認同

為了建立新國家，就必須先統一意識形態，其中一部分就是強調「全

國性認同」。例如,比較強勢的爪哇地區,便以其優勢塑造了印尼的身分認同,而忽視了其他地區的聲音,例如蘇門答臘、蘇拉威西、印尼屬婆羅洲和西紐幾內亞。馬來西亞的砂拉越州和北婆羅洲也是相同的情況。

這兩個幅員廣大的國家都擔心多民族、多宗教混合,可能造成的潛在後果,因此忽視其他的連結,例如印尼屬和馬來西亞屬婆羅洲之間的連結,或是北馬來亞和泰國的關係。

剛果,帝國主義的產物

1960 年,剛果脫離比利時獨立;帝國崩壞的步調正在加速,為冷戰的對立提供了新的燃料。美國認為剛果民族運動的領袖帕特里斯・盧蒙巴(Patrice Lumumba)支持蘇聯,於是企圖阻止他當選總統,但並未成功。剛果由許多不同的種族組成,並且缺乏由非洲人掌控的聯合中央政府,因此嚴重分裂。

盧蒙巴尋求聯合國的支持,但美國害怕他會轉向蘇聯,於是選擇支持剛果軍隊領導人約瑟夫・蒙博托(Joseph Mobutu)將軍,並於 1960 年 9 月奪權。盧蒙巴在 1961 年 1 月遭到暗殺,美國中情局則協助蒙博托對付反抗者和分裂主義者,掌控著整個國家。

有些分裂主義者試圖讓富含礦產的卡坦加省(Katanga)獨立,不過失敗了。然而這也顯示了,**前殖民地一旦獨立,若想保持殖民時期的領土邊界,就必須面對種族認同和地區性觀點的問題**。奈及利亞(1960 年從英國獨立)的情況也是如此,激烈的衝突導致嚴重饑荒,而以伊博族(Igbo)為主的區域在 1967–1970 年間,面對實力遠勝於己的奈及利亞軍隊時,無法維持比亞法拉共和國(Biafra)的獨立。

厄利垂亞、南蘇丹的境遇也很類似,在長期抗戰後分別在 1991 年與 2011 年,脫離衣索比亞和蘇丹獨立。某種程度上來說,相似的經歷也發生在 1990 年代的捷克斯洛伐克、南斯拉夫與蘇聯。現今有許多國家,都是當時西方帝國主義的產物,包含印尼、斯里蘭卡、印度、巴基斯坦、馬來西亞、奈及利亞、肯亞、南非和剛果。在這些國家中,領土的界線都是帝國主義所留下的遺產。

▲ 1960 年 12 月，蒙博托的軍隊在政變後逮捕剛果民族運動領袖帕盧蒙巴。一個月後，在比利時的縱容下，盧蒙巴被卡坦加省的行刑隊處決。

冷戰
源於對人類未來的觀點不同：平等 vs 自由

冷戰期間也出現了環境壓力，但從來都未成為關注的焦點。相對於應該受到保護的資源（環境），可利用的資源才是主要問題；特別是石油，更是中東地區衝突的重心。對美國來說，由於沙烏地阿拉伯的石油蘊藏量龐大，所以必須確保其不致落入共產黨的手中。

然而，更深層的則是控制人民與領土的決心。無論美國還是蘇聯，都

▶薩伊（今剛果）的獨裁者蒙博托與荷蘭的伯恩哈德王子（Prince Bernhard）。冷戰期間，美國和法國為了維護兩國利益，協助蒙博托掌權。

▼奈及利亞內戰（1967–1970）。奈及利亞東南部的分裂主義在戰爭中被摧毀，期間的圍堵策略更造成了饑荒。

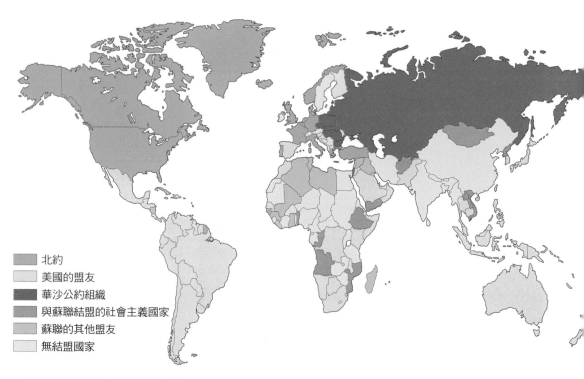

北約
美國的盟友
華沙公約組織
與蘇聯結盟的社會主義國家
蘇聯的其他盟友
無結盟國家

▲世界不同國家在冷戰期間的陣營。

不覺得自己的社會意識形態，只適用於國內或鄰近地區；相對的，這兩種對立的結構應該放諸四海皆準──這使得冷戰的情勢特別不穩定。

美國與蘇聯的社會意識形態水火不容，**對於人類未來的觀點截然不同；這除了是冷戰的原因，也持續帶給冷戰強烈的動能。**共產主義評論家認為蘇聯領導的「平等」才能確保社會進步，而反對者則認為共產黨內建極權主義，只會摧毀自由。

這時的現代化也被從許多角度探討。美國人認為現代化是全球的新政：嘗試建立獨立、資本主義、民主而自由的國家；人們天生就會選擇民主。**但在世界許多區域，美國不相信民粹主義和左翼政治家，**於是選擇與當地極權菁英階級合作。舉例來說，在伊朗、葡萄牙屬的非洲地區、南越、南非和拉丁美洲的圍阻政策中，美國都支持**這些國家對自由的壓迫，**而這些地區的反對派通常都包含明顯的反自由運動勢力。

拉丁美洲的冷戰

和歐洲帝國相比，美國的財富和決心都更勝一籌，因此成為更成功的帝國強權；這一點在拉丁美洲地區尤其明顯。美國的經濟和軍事霸權都透過當地的盟友展現，其中許多是當地軍方勢力，例如巴西和智利。

1946 年到 1955 年、1973 年到 1974 年間的阿根廷總統胡安·裴隆（Juan Péron）是民粹主義的獨裁者和軍閥，然而美國卻能夠接受這樣的人掌權。巴拉圭的阿佛雷多·史托斯納爾（Alfredo Stroessner）於 1954 年的政變中奪權，並擔任總統至 1989 年，他的獨裁統治也受到美國支持。

在巴西，由於對共產主義和動盪情勢的擔憂，讓渴望維繫秩序和進步的軍隊在 1964 年奪權——這同樣受到美國的幫助。政變帶來的獨裁統治一直到 1985 年才結束。最初除了不斷殺害異己者，也帶來了 1970 年代的經濟成長，但到了 1980 年代卻面臨嚴重經濟問題和強烈民意反彈。

1973 年，智利的薩爾瓦多·阿葉德（Salvador Allende）左翼政府被右翼軍事政變推翻，取而代之的是受到美國支持的殘暴軍事獨裁，由奧古斯圖·皮諾契特（Augusto Pinochet）將軍領導，其統治一直維持到 1990 年。

1968 年，烏拉圭面對動盪的情勢和圖帕馬羅斯（Tupamaros）游擊隊的威脅，宣告進入緊急狀態。軍方在 1973 年取得政權，並維持至 1985 年。當地民眾的人權再次受到侵害，酷刑與謀殺所在多有，國內反對者也相繼「被消失」。

然而，美國與拉丁美洲軍方的關係在古巴正式崩潰。由反動軍事獨裁者富爾亨西奧·巴蒂斯塔（Fulgencio Batista）領導的政府，在 1959 年被左翼激進派的斐代爾·卡斯楚（Fidel Castro）向蘇聯尋求支援後推翻。這讓中情局支持逃亡的古巴人在 1961 年發動豬玀灣入侵，但以慘敗告終。

對此，**蘇聯試圖將核子飛彈運送至古巴作為反應**；這項行動威脅到了美國，也讓全世界在 1961 年陷入核戰邊緣。不過從另一個角度來說，**這或許預防了傳統的軍事行動**（通常會由空襲蘇聯在古巴的基地開始）。美國提出的論點是，1930 年代面對德國的

綏靖策略不該再重演，因此決議對古巴實施海、空軍圍堵，防止蘇聯進一步輸送補給。

最後蘇聯同意移除飛彈，而美國則承諾不侵略古巴，並也從土耳其撤離飛彈。如今，美國對古巴的經濟圍堵依然進行中，而古巴也以此為威權統治和嚴重經濟問題的藉口。於此同

▲受到美國支持的史托斯納爾，在 1954 年的政變中奪權，維持其獨裁政權直到 1989 年另一名將領叛亂。

智利總統府拉莫內達宮（Palacio de La Moneda），
在 1973 年 9 月 11 日的軍事政變中受到轟炸陷入火海。

時，面對危機妥協的赫魯雪夫則被黨內同志認定為反覆無常，卡斯楚和毛澤東也因為他首先讓步而批評他軟弱。赫魯雪夫對危機的處理成了他在 1964 年遭免職的理由。

古巴並非拉丁美洲共產主義的先驅。卡斯楚的副手切·格瓦拉（Che Guevara）試圖在南美洲發起革命失敗，最後於 1967 年在玻利維亞被殺。1965 年，美國派兵進入多明尼加共和國阻止左派運動奪權，扭轉兩年前政變的結果；1983 年，美國也入侵格瑞那達。然而，美國試圖在尼加拉瓜，對左翼的桑定民族解放陣線（Sandinistas）進行相同行動時，其發展卻不順利。

▲ 1962 年古巴飛彈危機。美國空中監控發現蘇聯建設的火箭基地，並出手圍阻，所幸戰爭最終並未爆發。

冷戰期間的拉丁美洲

1946 年 6 月 4 日	胡安・裴隆開始其阿根廷總統的第一段任期
1954 年 5 月 7 日	史托斯納爾在巴拉圭奪權
1959 年 1 月 1 日	古巴的巴蒂斯塔政權垮臺
1961 年 4 月 17 日	中情局支持下，發起失敗的豬玀灣入侵
1964 年 4 月 1 日	軍方在巴西奪權
1965 年 4 月 28 日	美國的軍隊入侵多明尼加共和國，幫助華金・巴拉格爾（Joaquín Balaguer）上位。
1967 年 10 月 9 日	切・格瓦拉在玻利維亞遭到處決。
1968 年 6 月 13 日	烏拉圭宣布進入緊急狀態
1973 年 9 月 11 日	智利政權被皮諾契特軍變推翻
1979 年 7 月 17 日	桑定民族解放陣線在尼加拉瓜奪權
1983 年 10 月 14 日	美國入侵格瑞那達
1985 年 6 月 27 日	國際法庭譴責美國支持尼加拉瓜革命

革命的歷史

古巴革命博物館（Museo de la Revolución）位於巴蒂斯塔的總統府，展示了古巴革命的細節，以及「社會主義建立」的故事。在美術館旁邊，還有 1956 年載著卡斯楚到古巴展開革命的船隻，和 1961 年豬玀灣侵略戰中的車輛。

此外，也有紀念在革命衝突中過世人民的紀念碑。古巴內政部的博物館展示了無數次試圖暗殺卡斯楚的事件，以及其他美國中情局和古巴放逐者發起的行動。

古巴哈瓦那的壁畫，描繪試圖傳播古巴革命的盟友切‧格瓦拉。

¡HASTA LA VICTORIA!
SIEMPRE

相對穩定的歐洲冷戰

核子武器的陰影，促使冷戰的勢力界線在歐洲壁壘分明且相對穩定。對美國來說，要在歐洲挹注資金逼退蘇聯的勢力風險太高，因此將注意力轉移到第三世界的國家。

在美國的軍事支持下，西柏林在 1961 年的柏林危機中，才不致落入蘇聯集團之手。然而**西方採取的策略是圍堵，而非試圖降低蘇聯在東歐的勢力**。事實上，柏林圍牆在 1961 年由東德人民所建造後，就成了敵意的象徵，並且一直持續到 1989 年。柏林圍牆被當作一種防禦工事——「反法西斯保護牆」——但實際上卻是為了阻止東德人口逃亡。圍牆附近有許多地下走道，讓邊界的守衛可以快速移動，並沿著圍牆布署了哨塔和地雷，很多人在試圖突破時遭到射殺。

許多共產國家也出現改革浪潮，但在沒有美國干預的情況下，很快就被蘇聯的軍隊擊垮，例如 1956 年的匈牙利和 1968 年的捷克斯洛伐克。這樣的結果反映了，無論對內部或外部的敵人來說，要對付蘇聯的威權主義和手段都相當困難。

上述的事件，表明了**蘇聯不願意承擔改革共產主義的風險，擔心影響到蘇聯集團的統一**。共產國家間和平共存的原則，被蘇聯的軍事行動嚴重破壞，但蘇聯卻辯稱這是因為「社會主義的團結」受到威脅，而採取的「兄弟般的協助」。在兩個例子裡，緊接在鎮壓改革後的，都是警察國家的重新實施。

共產黨政策的曝光，使得國際社會逐漸透過「正常化」或緩和策略，來接受他們的思想。然而，共產集團通常會花費更多心力來批判美國，而非注意西歐民主與東歐壓迫之間的對比。

南斯拉夫在 1948 年成功脫離蘇聯控制，而阿爾巴尼亞也在 1961 年跟隨其腳步。這些地區較為偏離蘇聯戰略的重點，所以沒有派重兵駐守，他們的焦點主要關注的是德國。此外，這兩國在軍事上的挑戰也較為棘手。

中東冷戰，埃及的擴張

美國試圖透過「圍堵」來限制蘇聯的擴張，意指與周邊國家形成聯盟

體系。因此，他們建立了許多同盟，例如北大西洋公約組織、中東條約組織和東南亞公約組織，以及許多雙邊協議。相對的，蘇聯試圖跳出圍堵，尋找較遙遠的盟友，例如古巴、衣索比亞和安哥拉，並且在去殖民化的新興國家之間挑撥敵意，例如印度與巴基斯坦。這樣的手段在中東尤其成功，

阿爾巴尼亞：特立獨行的國家

　　殘酷的共產黨領導人恩維爾‧霍查（Enver Hoxha），從 1944 年到 1985 年過世前，都在阿爾巴尼亞實行獨裁統治，並在 1961 年成為中國的盟友。由於霍查多疑偏執，既定的共產黨模型，也就是極權主義、個人崇拜、集體化和國家無神論，都未受到其他東歐國家改革壓力的影響。因為害怕意識形態受到汙染，阿爾巴尼亞與改革始終維持著一定的距離。

▲阿爾巴尼亞的獨裁者恩維爾‧霍查與中國外交部長周恩來會面。兩個孤立的國家彼此結盟。

使埃及、敘利亞和伊拉克都成為蘇聯盟國，並且依此同盟關係而進行武裝。

無論是否由冷戰的觀點來看，埃及都是上述國家中最奉行擴張主義者。其獨裁者納瑟追求「泛阿拉伯式的團結」，試圖與敘利亞、蘇丹和利比亞建立聯邦關係；其中，利比亞的君主在 1969 年，被格達費所領導的激進武裝集團推翻，進入獨裁統治直到 2011

年。埃及同樣也與保守的沙烏地君主競爭，並且在 1962 年以反皇室的角度介入葉門內戰；沙烏地則支持另一方。在阿曼西部的佐法爾省（Dhofar）發生內戰時，也出現了相同的狀況。

然而，埃及的怒火主要是針對以色列，因為以色列在 1948–1949 年、1956 年兩度打敗埃及；與以色列的對立讓納瑟有機會在阿拉伯世界取得領

▲六日戰爭。以色列軍隊在 1967 年取得耶路撒冷舊城區，使其國家的狀態受到承認。

導地位。1967 年的六日戰爭中，納瑟在交戰中遭受以色列奇襲，而以色列更進一步打敗來支援埃及的約旦和敘利亞。戰爭結束時，以色列從埃及、約旦和敘利亞分別征服了西奈、加薩走廊、約旦河西岸及戈蘭高地。

然而，蘇聯重新幫助埃及與敘利亞武裝，並且在 1973 年對以色列發動奇襲。這場戰爭被稱為「十月戰爭」或「贖罪日戰爭」（Yom Kippur war 或 Ramadan War），提醒著我們所有戰爭，或是整個歷史，都可以從不同的角度來論述。以色列在這場戰爭中承受嚴重的傷亡，最終仍打敗了兩個對手。這場戰爭最大的風險是，美國和蘇聯都可能以各自盟國的名義加入戰爭；但最終，**最大的風險卻促使戰爭得到控制**。美國希望以色列能停止攻擊戰敗的對手。

▌蘇聯
共產集團的主宰地位受中國威脅

和南斯拉夫 1948 年的變節相比，中國的分裂更嚴重威脅了蘇聯對共產集團的主宰地位。**蘇聯與中國共產黨不同的起源是問題之一**，其他也包含了意識型態因素、文化差異、領導者的性情、軍備競賽，以及對於地位認知的歧異。更廣泛來說，蘇聯發現自己很難長時間影響非西方國家，更別說領導了——除了意識型態衝突外，民族主義也是一大挑戰。

中國抗拒蘇聯的主導和意識型態。事實上，從 1950 年代開始的蘇聯領導人赫魯雪夫便開始否定史達林，並在某種程度上轉向自由化；相對的，毛澤東領導的中國拒絕妥協，並且在 1958–1962 年間的「大躍進」中，追求激進手段推動經濟進步。然而，「大躍進」三個字其實與事實相距甚遠。

赫魯雪夫自由化統治下的蘇聯缺乏這種殘暴，雖然中國和蘇聯都未得到他們追求的經濟轉型，但共產主義使他們無法放棄這樣的控制，以及隨之而來的大膽遠景。

赫魯雪夫自由化的失敗，有一部分包含了無法解決糧食生產的問題，使他遭到由謹慎的列昂尼德·布里茲涅夫（Leonid Brezhnev）所領導的派系推翻。布里茲涅夫接著統治蘇聯直到

▲壁畫描繪了中國現代化中的農業發展，但實際情況卻更為艱辛和暴力。

1982 年逝世為止。他決心避免戰爭，準備認真思考如何與西方共存；這也讓他們更專注於探討中國政策，以及亞洲的情勢。

更深遠來說，共產國家在自身的統治能力上面臨了嚴重的問題，不只是因為**大部分的民眾都暗中違逆國家的要求**，而國家的機構本身亦是如此：**對於生產目標的操弄、個人對於內部規定的鑽漏洞**，都在 1960 年代成了問題。蘇聯在史達林統治時，曾經透過恐怖手段試圖提高生產力，他的繼承者們雖然也一再利用訓誡和控制，卻再也沒有以往的威力。

▌美國
種族問題、越戰、水門案……樂觀主義已經破滅

世界強權美國有著充滿動能的經濟，並維持著民主體系。於此同時，美國也在發生改變，德州與加州的重要性逐漸提高，並且開始對抗南方的種族隔離制度。

對美國來說，1960 年代和 1970 年代初期就像雲霄飛車。隨著 1950 年代經濟成長和繁榮所帶來的信心，接續的是 1960 年代初期甘迺迪總統任期的樂觀主義。然而，樂觀主義很快就破滅了。甘迺迪在 1963 年遭到暗殺，「偉大社會」計畫（Great Society）以及《民權法案》（*Civil Rights Act of 1964*，見第 247 頁）的實施沒能終止種族歧視；而在海外試圖圍堵共產主義的結果，也是災難性的慘敗。

民主黨內部缺乏團結，促使共和黨的尼克森在 1968 年當選。在國安顧問亨利·季辛吉（Henry Kissinger）的強烈建議下，尼克森遵循現實主義路線。他試圖打壓國內的對手，卻因為水門案致使其政權的合法性遭到質疑，最終選擇辭職。

甘迺迪暗殺事件

在 19 世紀，有數位美國總統遭到暗殺，但在 20 世紀只有一位，就是甘迺迪。然而，杜魯門和雷根也遭受過攻擊，只是均未成功。最後，調查委員會的調查結論是，1963 年 11 月 22 日發生於達拉斯的暗殺事件屬於個人行為。

▲ 1963 年達拉斯。甘迺迪遇刺對美國來說是嚴重的創傷,不過隨後也顯示出其政治體系的韌性。

但是從甘迺迪過世的那一刻起，就充斥著許多陰謀論。於此同時，人們也感受到與另一個充斥暴力世界之間的屏障，似乎已經被突破了。這有一部分原因是**國際衝突與國內政治產生連結**，最明顯的例子是某些人認為，蘇聯情報局或古巴政府是暗殺行動的幕後黑手，或是凶手是反卡斯楚的古巴流亡者，因為誤以為缺乏美國支持，於是鋌而走險。也有些說法是，甘迺迪可能是組織犯罪的受害者，或因為有人希望對共產黨更強硬態度，而受到政治迫害。

然而，以現實層面來說，組織陰謀比起提出指控困難多了。甘迺迪謀殺案，也開啟了接下來充斥暗殺與暗殺未遂的 10 年：1965 年麥爾坎·X（Malcolm X）、1968 年馬丁·路德·金恩（Martin Luther King）和羅伯特·甘迺迪（Robert F. Kennedy）、1972 年的喬治·華萊士（George Wallace）。這些事件對政治局勢也都帶來重大的影響。

或許正因如此，從陰謀論的角度去思考似乎容易得多，而這些**暗殺事件也顯示了美國槍枝泛濫的問題**。

偉大社會計畫及民權法案

甘迺迪的繼承者是副總統林登·詹森（任期為 1963–1969 年）。詹森來自德州，是國會中經驗豐富的領導者，在 1964 年的總統大選中大勝激進的共和黨候選人貝利·高華德（Barry Goldwater）。

雖然在越戰時期詹森的聲望降低許多，然而在面對國家內部紛擾時，詹森很願意，也有能力處理深層不平等問題，不像甘迺迪只是說說而已。他曾在羅斯福手下處理新政相關事務，擅長使用強烈象徵性的語言，傳達前線和社會的訊息，向民眾再三承諾會讓國家邁向偉大。他擴大了成本高昂的社福計畫，並且支持廢除種族隔離。他宣告：「我將向貧窮進行全國性開戰。我們的目標是全面勝利。」

1964 年《民權法案》在詹森熱切的支持下通過，禁止了以種族、宗教或性別為理由的就業歧視，學校的去種族隔離化也積極進行。接著，在隔年則通過《選舉權法》（*Voting Right Act of 1965*）。這些措施對於黑人的公民權力和機會都帶來許多提升。然而

「我有一個夢」

　　1963 年 8 月 28 日，馬丁・路德・金恩站在充滿象徵意味的華盛頓林肯紀念堂臺階上，發表了撼動人心的人權演說。他說道：「即便有了《解放奴隸宣言》，100 年過去了，黑人的生活仍悲慘的受到種族隔離的鐐銬，以及種族歧視的鍊條所桎梏。」

▶ 1963 年 8 月 28 日，「為工作和自由向華盛頓進軍」（The March on Washington for Jobs and Freedom）。

可以理解的是，人們的關注焦點，往往會集中在勇敢的黑人社運分子身上，例如馬丁·路德·金恩。詹森以杜魯門在軍隊的去隔離化，以及艾森豪的對抗歧視為基礎，《民權法案》影響了教育和聯邦人事僱用，但對大眾健康及私人居住權則影響較小。

大部分的黑人領袖，都透過主流政治來追求社群利益。相對之下，黑人分裂主義與激進主義（例如麥爾坎·

X）都無法發展成大型運動。麥爾坎·X 在 1965 年宣稱：「黑人穆斯林運動之所以成長，原因之一就是認真看待非洲事物。這就是黑人穆斯林運動成長的祕密。非洲的血、非洲的起源、非洲的文化、非洲的羈絆……我們發現即使在這個國家中，黑人族群潛意識的最深層，他們還是屬於非洲，而非美國。」

▲詹森總統簽署《經濟機會法》。1960 年代「偉大社會」計畫是另一種形式的新政，且更注意到種族不平等所帶來的問題。

▲美國人在越戰造成的傷害，遠大於他們的共產黨對手。

越戰失利：輕敵加上國內反彈

1962 年，甘迺迪在古巴危機中成功的邊緣策略，讓美國在其他情境中也傾向採取堅定的立場，錯誤的認為可以施加類似的壓力，迫使共產黨勢力讓步。同時也強化了美國正在對抗世界各地共產黨發展的氛圍。

這樣的行動也在南越出現，儘管 1960 年時，大部分美國人都沒辦法在地圖上找到這個國家。1954 年南越與北越兩個國家的建立，並未帶來穩定的局勢。美國政府很擔心，假如無法支持南越的吳廷琰政府，對抗北越共產黨的積極侵略，就會使共產黨進一步在東南亞擴散，而這個觀點也被稱為骨牌效應。

吳廷琰雖然是獨裁統治者，但他反共的立場讓美國可以接受，而他是天主徒這一點也贏得甘迺迪的好感。除此之外，美國對南越抱持的種族主義觀點，讓他們認為該地缺乏民主實屬合理，而且對於越南人的傷亡也並未太關切。甘迺迪政府對南越投入的

「顧問」，在 1969 年詹森時期則升級成超過 50 萬的部隊派駐。

然而，事前誰都沒想到這場戰爭會是一場苦戰，美國誤以為北越會輕易投降；實際上**美國的損失，很快就超出了大後方人民可以接受的程度。**北越軍隊持續的奮戰和強韌意志——特別是 1968 年 1 月出乎意料的「新春攻勢」[7]——再加上美國內部經濟問題，以及政治上的反對，讓詹森在 3 月時拒絕再派出 20 萬士兵到越南，並且決定不再參選總統。

詹森的繼任者尼克森曾經承諾會結束越戰，但任期之初卻決定撐下去。事實上在 1970 年，他甚至將戰線拉長，侵略相鄰的柬埔寨，希望能摧毀當地的共產黨基地。短期來說，這次致命的「侵略」是成功的，但其**合法性令人質疑，也進一步降低美國內部對於戰爭的支持**，並讓人民覺得，政府不願意對目標和手段加以約束。1973 年，經過和平談判後，美軍從南越撤軍。

然而，越戰的衝突仍在持續，直到 1975 年南越才終於被征服。同年，共產黨在柬埔寨和寮國得勢。蠻橫的紅色高棉（Khmer Rouge）政權從 1975 年到 1979 年統治柬埔寨，並且透過大量殘殺、迫害，來執行社會改革政策。越戰告訴我們，就算是世界的第一強權，也不代表比較弱小的國家就會被打敗；這也表明了共產主義決心控制社會，並準備好依此建立極權國家。

1960 年代的激進主義

在 1960 年代，美國白人盎格魯－撒克遜新教徒的價值觀，在經濟、社會、文化和政治層面的壓力下受到挑戰，人民開始呼籲更多元的美國；這樣的挑戰和回應，都為其後的「文化戰爭」提供了基礎。享樂主義對自由意志和自我實現所帶來的效應，是更多元的公眾建設，以及一個更兼容並蓄的社會。

說到 1960 年代，人們通常都會

---

[7] 編按：北越人民軍和南方民族解放陣線（越共）聯手發動的大規模突襲。最終促使美國和談並撤軍。

想起流行和另類文化，其中也包含了麻醉性藥物的使用。然而，這個年代最成功的政治人物，卻是共和黨的尼克森，他在 1968 年贏得美國總統大選。而英國的保守黨候選人愛德華‧希思（Edward Heath）在 1970 年贏得普選出任首相；法國的右翼候選人喬治‧龐畢度（Georges Pompidou）也在 1969 年贏得法國總統大選。

這種矛盾的現象反映了這一時期提出和執行的變革，在某種程度上引起了反對。這些改變也顯示，**宗教不再是文化和社會常規中的重要元素**；相對的，**人們更看重的是自由意志**：

◀ 1975 年柬埔寨內戰時期的紅色高棉士兵。

青少年文化、女性主義、藥物和性解放，都成了國際性的潮流，而公開對權威的質疑更是震驚了年長世代。這個時代的重點是創新、自由和自我實現，或是任何以此觀點切入的事物。

世代競爭

「最偉大的世代」（The Greatest Generation），指的是在 1940 年代成年並參與二戰的一代人，而與他們相對的則是「1960 世代」；前者認為後者拋棄了他們的價值，對於美國的文化和社會都帶來嚴重的傷害。

政治角力在這場文化戰爭中也扮演了重要角色，共和黨成員特別喜歡強調「最偉大世代」的概念，但諷刺的是，二戰和越戰一樣，都是由民主黨政權所發起。

最初，1960 世代塑造的形象是和諧、愛與和平，但隨著越戰的經驗和日益普遍的不滿與失望，樂觀主義漸漸式微。這反映在流行歌曲風格的轉變，朝向灰暗和不和諧，例如披頭四的《白色專輯》（White Album）、滾石的《讓它流血》（Let it Bleed），以及《逍遙騎士》（Easy Rider）和《鼴鼠》（El Topo）等電影。**在 1960 年代尾聲時，希望破滅的感受已經瀰漫整個社會。**

這和 1917 年讓極左派和極右派、反自由激進主義的破滅感完全不同，不過卻有相似的文化危機感。1960 年代晚期開始發展的恐怖組織分子，例如義大利的赤軍旅（Red Brigade）、德國的紅軍派（Baader-Meinhof Group）、美國的地下氣象員（Weather Underground）、英國的憤怒旅（Angry Brigade），以及比利時、日本、葡萄牙和其他地方的類似組織，都沒有能力好好利用當時的社會、政治和軍事動盪，來維繫革命的危機感。

季辛吉，中美建交的推手

季辛吉是國際關係專家，在 1969 年被尼克森任命為國家安全顧問。他自詡為現實主義者，決心控制住混亂的局勢。他認為**應該為了對付蘇聯而接觸中國，藉此向蘇聯施壓，使北越與南越達成協議。**在對「現實主義」的追求上，地緣政治比意識形態更為重要，而季辛吉也樂意如此；因此，

共和黨結束了越戰。然而，對此政策的反對促成了日後的新保守主義。

現實政治同樣也出現在蘇聯。蘇聯政府認為歐洲的穩定，有助於他們在面對中國時維持較強硬的立場，並有意降低國防預算，引入西方科技。對於穩定的追求也展現在布里茲涅夫對黨代表大會的演說中；他呼籲國際間的安全與穩定，並且對「民族解放」幾乎不提（**民族解放通常是共產黨用來合理化支持第三世界國家反西方衝突的理由**）。而他也反對赫魯雪夫的冒險主義，這是緩和主義的重要背景。**國際關係得以降溫的原因之一，則是美國因為越南戰敗而謹慎行事**，並且控制住 1973 年的中東衝突。

水門案，尼克森垮臺

1972 年 6 月 17 日，為了取得民主黨內部競選策略的情報，以尼克森首席安全顧問為首的五人，闖入民主黨

▲ 1976 年，德國警察舉著紅軍派的通緝海報。

▲華盛頓水門大樓。這是造成尼克森政府垮臺的案發地點,其建築風格也是華盛頓特區的主流。

全國委員會在華盛頓水門大樓的總部,尼克森的非法行為也因此暴露於公眾目光下。這個行動說來相當的諷刺,因為尼克森在尋找的,其實是可以應用於 1972 年總統大選的有利資訊。然而,實際上他若想打敗不堪一擊的民主黨對手,根本易如反掌。

尼克森對於接踵而來的媒體及參議院調查採取焦土政策,反覆在政治和法律上進行阻攔;不過,最後有多項明顯的犯罪事實,他被迫在 1974 年 8 月 9 日因為意圖妨礙司法而辭職。

這項醜聞讓人民對國家領導者失去信心,並且對其後造成深遠的影響,在小說和大螢幕上也常看見陰謀論的出現。這和越戰的失敗一樣,都對美國帶來了希望的破滅。

▲ 1966 年北京大學海報。1960 年代晚期，學生在全球的激進主義中扮演關鍵角色，在中國與法國更是格外重要。

中國
大躍進、文革，
自我感覺良好的共產黨

毛澤東撐過了 1958–1962 年間「大躍進」的失敗，但其他 2,000 ～ 4,000 萬人民就沒那麼幸運了。他們主要都死於饑荒，因為毛澤東採取錯誤的政策，希望能透過集體化達到鄉村經濟改革和快速工業化。1962 年，在打贏了中印邊境戰爭後，毛澤東很聰明的不進一步追求領土擴張（因為美國支持印度，而蘇聯卻拒絕幫助中國）。

然而，毛澤東推動的下一項改變，也就是文化大革命，開始於 1966 年。這項行動的目的，是灌輸社會與國家激進的意識形態以及持續的改變，實際上卻導致了大規模的混亂，特別是紅衛兵對保守派的恐怖破壞。為了掌控住不盡完美的情勢，共產黨極力確保**所有資訊傳播、討論和反應的方式，都只成為宣傳共產黨的手段**。文化大革命雖然在西方得到一些跟風者的支持，但總體來說就只是一場毀滅性的災難。

政府最終動用軍方來重建秩序。毛澤東依然掌權，並持續消滅國家內部的反對者；然而，在他 1976 年過世

時，他的權力已經不如以往。2016 年，中國的國營報紙指稱文化大革命時期「完全錯誤，無論理論和實務皆然」。

1956–1974 年世界經濟
優勢轉向德、日，美國捨棄金本位

受到國內需求、出口市場、科技與組織改善等影響，全球經濟從 1950 年代開始的成長持續至 1960 年代。**德國與日本的快速經濟成長，主要受益於更創新的製造業、更良好的控制通貨膨脹，以及不需要對國防軍事投注太多資金**。這些都讓經濟優勢從美國轉向德、日兩國。

於是，美國在總體汽車生產（美國、日本、英國、法國和德國）的占比從 1960 年的 87.1%，降到 1970 年

▲宇宙的典範毛澤東。中國誇大了文化大革命對全球的吸引力，而文化大革命也對中國內部留下了棘手的影響。

的 37.7%。同時，歐洲的整體經濟也出現擴張，不過拉丁美洲與非洲的工業成長仍有限。而與 2000 年代與 2010 年代相比，中國和印度的經濟成長也相對較低。

美國之所以出現通貨膨脹的壓力，主要是因為決定不透過稅收，而以借貸方式支付越戰和「偉大社會」的改善計畫。相關的寬鬆貨幣政策，使通貨膨脹擴散，而收支赤字的平衡則使得美國的黃金儲備量減少。然而，在詹森和尼克森的領導下，美國採用凱因斯需求管理方式，比起德國和日本更能忍受通貨膨脹。

不同經濟體中不同的通貨膨脹程度，使得國際經濟和匯率的管理格外困難，最終摧毀了 1944 年建立的布列敦森林體系（固定匯率系統）。1971 年，尼克森暫停美元與黃金之間的兌換，允許美元貶值，破壞了油價穩定。

1973 年，經濟壓力演變成了重大危機。為了面對贖罪日戰爭並對美國施壓，**中東地區的主要石油供給者，組成石油輸出國家組織（OPEC），讓油價大幅提升**。隨後，在美國與其他各國都漸漸出現「停滯性通貨膨脹」的現象，指的就是經濟停滯與通貨膨脹結合的狀態。

▶ 1973 年石油短缺。1973 年阿拉伯世界與以色列之間的贖罪日戰爭，讓阿拉伯國家杯葛石油的出口，對美國施壓，並使世界經濟陷入暴跌。

新趨勢
女性主義、毒品、青年文化、披頭四……都在此時綻放

「垮世代」（Beat Generation）出現於 1950 年代，在 1960 年代逐漸受到歡迎。他們是美國的地下詩人與作家，**拒絕商業主義，並且追尋新的生活節奏與思想**，這導致他們轉向爵士樂與東方哲學，特別是佛家思想。

美國作家艾倫・金斯堡（Allen Ginsberg）[8] 創造了「權力歸花兒」（flower power）[9] 的口號，而他與其他作家使用的迷幻藥物，也影響了這個時代的寫作。事實上，**毒品成為 1960 年代晚期西方青年文化的一部分。**

美國兒科醫生班傑明・斯波克（Benjamin Spock）一部非常有影響力的著作《嬰幼兒保健常識》（*Common Sense Book of Baby and Child Care*），對照護幼童和管教模式發起了挑戰。這本書的重點在於，允許孩童發展內在先天的渴望；某種程度來說，這樣的影響在 1960 年代顯而易見。

女性地位的崛起

在 1950 年代，家庭普遍被描繪為女性的領域，而大多數職場女性都未受到公平的對待。女性解放運動對於 1960 年代的改變來說格外重要，運動本身很多元，這反映在期間許多互相衝突的文本上，例如貝蒂・傅瑞丹（Betty Friedan）的《覺醒與挑戰：女性迷思》（*The Feminine Mystique*）以及凱特・米列（Kate Millett）的《性／別政治》（*Sexual Politics*）。然而，傳統的習慣和觀點都遭到批判，例如核心家庭、男性在家中的威權地位，以及女性在性事的服從。同時，也強調「有意識的提升」女性地位。

1960 年代開始呼籲社會承認女性的性獨立，其中包含認同女性享受性的權力、婚前性行為不受到批評，以

---

[8] 編按：最有名的作品為《嚎叫》（*Howl and Other Poems*），與威廉・柏洛茲（William S. Burroughs）、傑克・凱魯亞克（Jack Kerouac），三人為垮世代文學運動的核心。

[9] 編按：源於反越戰運動，提倡彼此關愛的思想和理念。

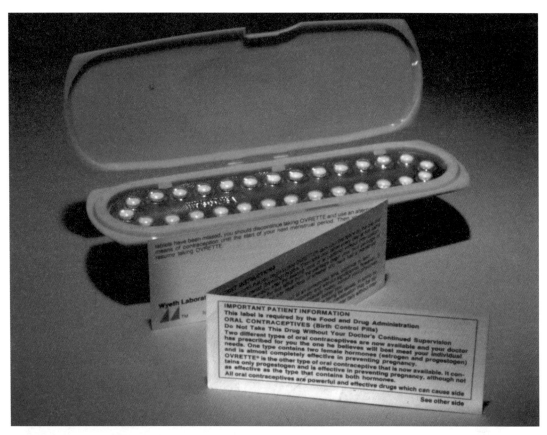

▲避孕藥幫助讓性與繁衍後代脫鉤，並賦予女性更大的權力。

及避孕措施等，亦即女性有權力控制其生育權。相關議題在文學和電影中多有探討。從 1950 年代晚期出現的避孕藥快速流行，同時幫助女性的性獨立，並使性與繁衍後代脫鉤。重點在於**女性與男性應當享受相同的性自由**。

於此同時，能節省勞動力的家電設備也減少了苦差事，並且鼓勵更多女性投入勞動市場。文化的改變同樣重要，女性在爭取墮胎權中扮演了重要的角色。更廣泛來說，**女性主義帶動了生活型態與社會結構的改變，讓**人們更重視女性的需求與期待。

科技、消費主義，助長了青年文化

青少年的文化在 1960 年代越來越重要，而往後也是如此。青少年願意背離父母的榜樣和訓誡，並且擁抱新

的音樂及流行，於是推動了新的文化潮流。在音樂方面，英國年輕人曾經讓《The Twist》[10] 成為 1960 年和 1961 年的排行榜冠軍，1964 年則轉向披頭四，而這個英國天團的音樂因此傳遍了全世界。然而，青年文化也有登上大舞臺的時候，例如 1969 年胡士托音樂節（Woodstock festival）、1978 年的電影《火爆浪子》（Grease）。

科技也強化了青年的獨立性。避孕藥所助長的性自由，對於該世代的價值觀和經驗來說都很重要。相對平價的私人交通方式降低了父母親的監控。青少年獨特的生活方式，特別是其獨立性、行動性和彈性，都反映了整體社會的流動，而這背後的原因則

▲流行音樂保留了許多當代青年文化的趨勢，包含了對新風格的強調，例如專輯《胡椒軍曹寂寞芳心俱樂部樂隊》（Sgt. Pepper's Lonely Hearts Club Band）封面的服裝設計。

---

[10] 編按：美國搖滾歌手恰比·卻克（Chubby Checker）的歌曲，先前引發的扭扭舞（twist）風潮在美國流行，之後成為全球性的舞蹈熱潮。

▲卡納比街（Carnaby Street），英國的時尚大道。1960 年代青年文化的一大特色，就是堅定抗拒先前世代的時尚流行。倫敦是當時重要的時尚中心。

是「長期繁榮」所帶來的財富。

除此之外，對於老化的繁榮世代來說，重拾過去也變得很重要。1960 年代充滿了新的能量，強烈且獨特的青年文化仰賴新科技，而現代工業社會的大量生產再次為流行文化提供產品。人造纖維的使用增加，對 PVC（聚氯乙烯）等塑膠製品的需求也是。

快速變化的流行時尚，反映出行銷手段的改變，以及重視青年文化的創新性。牛仔褲的大流行，也反映了女性願意接受並穿著男性時尚，但最大的重點仍是時尚的吸引力，而非耐用或其他目的。**消費主義成了一切的目的。**

對所有的消費者皆然，科技發展

讓產品範圍和可能性增加。且由於雜誌和報章中彩色相片的傳播，以及電視和電影，時尚變得更加引人注意。**人們越來越常在物品仍功能正常時，就替換為新的產品。**

龐德會隨著世界改變人設

20 世紀晚期最成功的電影系列隨著《第七號情報員》（*Dr. No*）展開。詹姆士·龐德（James Bond）是英國作家伊恩·佛萊明（Ian Fleming）的創作。他起初只是小說人物，初登場於《皇家夜總會》（*Casino Royale*）。

龐德是冷戰時期的英國情報員，當英國還是世界強權時，他的存在似乎相當可信。美國總統甘迺迪也是佛萊明的書迷，曾經邀請他拜訪白宮。

▲第一部詹姆士·龐德長片《第七號情報員》的海報。在這個時期，英國還可以被描繪為國際關係的中心角色，而明星也還可以維持抽菸的形象。

然而，在佛萊明後期的小說中，隨著英國力量的相對削弱，故事調性也變得更為灰暗。

在這一系列電影中，龐德必須不斷拯救美國免於攻擊，這使他在美國電影市場上的地位變得更加重要。例如《第七號情報員》、《007：金手指》（Goldfinger）、《霹靂彈》（Thunderball）、《金鋼鑽》（Diamonds Are Forever）和《007：生死關頭》（Live and Let Die）。而值得注意的是，這個章節中提到的其他議題也在這些電影中占有一定的分量，例如《金鋼鑽》。

全球市場的重要性提升，**許多非英語母語者都受到追逐和動作場面的吸引而進入電影院。龐德的電影也反映了政治正確的變化**，尤其是性別態度在 1990 年代大幅演進。龐德的頂頭上司「M」開始由女性扮演，而龐德本身的性別歧視也減少許多。

充滿反叛與革命的 1968 年

於美國和世界其他地方的反越戰聲浪，以及大多數青年間崛起的自信心與激進主義，在這充斥著憤怒不滿的一年越來越明顯，並且出現大規模的動亂，特別是在巴黎、芝加哥和布拉格。然而，這些動亂並未帶來預期中的政治影響，一部分的原因是**激進的團結很難維持，而保守主義在社會的占比其實遠超過許多人們的想像。**無論從廣義或狹義來說都是如此。

因此，法國 1968 年的危機「五月風暴」（événements de mai），並沒有導致 1789 年法國大革命重演，而是受到了控制。戴高樂的保守派繼任者，曾經擔任過總理的龐畢度在 1969 年贏得下一屆總統大選。在捷克斯洛伐克，「布拉格之春」帶來的改革從蘇聯 1968 年的軍事介入後，就難逃胎死腹中的命運。

顛覆傳統的理論家

語言學理論的發展，被用來探討身分認同、權力和意義的議題。重要的理論家包含雅克·德希達（Jacques Derrida）、米歇爾·傅柯（Michel Foucault）、克里弗德·紀爾茲（Clifford Geertz）和尤爾根·哈伯瑪斯（Jürgen Habermas），分別來自法國、美國與

▲ 1968 年支持戴高樂的遊行。面對激進主義分子，出現了強烈的保守派潮流，並且持續到 1981 年法國總統大選由社會主義勝出為止。

達里奧・霍，反應時代的諷刺

　　達里奧・霍（Dario Fo）在 1997 年獲得諾貝爾文學獎，他是反教權的義大利共產主義劇作家，希望能代表人民對當權者發起挑戰，「人民對抗教會與國家權威」（Il Popolo Contro I Potenti）是他的中心思想。達里奧・霍的劇作聚焦在權力的腐敗，例如《一個無政府主義者的意外死亡》（*Morte accidentale di un anarchico*），內容就是被拘留者死於警察之手的真實事件；《付不起嗎？不用付款！》（*Non si paga, non si paga!*）則描寫家庭主婦因為食物價格過高，而被迫順手牽羊。達里奧・霍選擇讓劇作在工廠而非傳統的劇場演出，使其更接近人民。

德國。德希達與傅柯對於意義及權力的探討，這樣的相對主義被當時的社會視為顛覆傳統和習慣，並且將重點放在個人身上。

毒品氾濫的年代

毒品在 1960 年代吸引了許多注意力，特別是致幻或改變心情的毒品，更是受到許多年輕人喜愛，例如 LSD 和大麻。不過事實上，其他毒品則更為常見；這是阿斯匹靈的時代，鎮定劑的需求越來越高，社會對它們的成癮性也是。

巴比妥類（barbiturates）鎮靜劑的副作用，在 1953 年促成了眠爾通（Miltown）的生產，但後來眠爾通被發現具成癮性，於是 1960 年又誕生了利眠寧（氯二氮平），而 1963 年則由利眠寧合成了煩寧（Valium）。煩寧可以說是美國對移民人才抱持開放心胸的結果，因為其發明者是逃離納粹歐洲的猶太科學家萊奧·史坦拿（Leo Sternbach），他也發明了安眠藥「眠確當錠」（Mogadon）。

從 1969 年到 1982 年，煩寧都是美國銷量最高的藥物，而其銷量在 1978 年達到頂峰，接近 23 億錠，為生產者羅氏藥廠（Roche）帶來了龐大利益。對鎮靜劑的錯誤使用，在美國小說家賈桂琳·蘇珊（Jacqueline Susann）的暢銷著作《娃娃谷》（*Valley of the Dolls*）中就有所探討，並且使煩寧在 1980 年代被選擇性血清素再吸收抑制劑所取代。而在百憂解成為風潮後，作家伊麗莎白·沃策爾（Elizabeth Wurtzel）也寫下了《憂鬱青春日記》（*Prozac Nation*）一書。

環保興起，維護地球「生態圈」

對於環境的擔憂並不是什麼新鮮事：英國的國家名勝古蹟信託和美國塞拉俱樂部（Sierra Club）[11] 的歷史，都可以追溯至 19 世紀末。然而，1960 年代開始，出現了越來越強烈對於環境壓力的擔憂，儘管對抗的是為了追求進步和發展而造成的環境改變。這

---

[11] 編按：美國歷史最悠久、規模最大的環境組織。

環境與貧窮，重新思考地緣政治

　　德國歷史學家阿諾·彼得斯（Arno Peters）提出等面積投影地圖，讓人們將注意力轉移至迄今缺乏足夠關注的開發中世界。他的世界地圖在《北－南：生存計畫》（*North-South: A Programme for Survival*）中受到讚譽，並且成為其封面。此書有時也被稱為《布倫特蘭報告》（*Brandt Report*），由國際發展議題委員會發行。

　　地緣政治受到質疑，並且重新概念化為後現代議題，其中著名的包含法國的期刊《希羅多德》（*Hérodote*）。該期刊首次發行於 1976 年，第一期的內容包含了採訪激進文化理論家傅柯。《希羅多德》反對傳統上地理為國家效力的概念，而探討了多元廣泛的議題，包含生態學和全球貧窮現象。

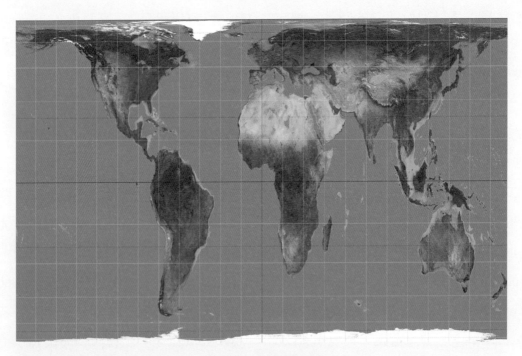

▲彼得斯投影法更聚焦於熱帶地區，也使世界改變了關注面向。

在共產國家特別顯著，但第三世界對水力發電和水壩的建設也造成了重大影響。而對於經濟進步的追求，加上快速增長的人口及其對於更好生活的期待，都對環境帶來了更大的壓力。

有鑑於此，**環保分子提出地球其實是個生態圈的概念**，以有機的方式運作，並**透過自然的回饋機制來維持生命存續**。而太空中拍攝的地球全景也支持了這個論點。

混沌理論

美國的氣候模型學先驅愛德華・羅倫茲（Edward Lorenz）在1960年代，透過電腦模擬大氣動力，示範了微小的變化也能造成巨大的影響。1972年，他發表了題為「可預期性：巴西的蝴蝶振翅是否會在德州引發龍捲風？」的演講。他的研究也助長了人們在1970年代，對於「不規則事件」的興趣，隨之而來的數學探討則由米切爾・費根鮑姆（Mitchell Feigenbaum）和其他學者發展為混沌理論（Chaos Theory）。這個理論被應用於許多領域，例如生態學、公眾衛生及大氣動力學，也影響了許多小說的創作。

噴射機時代，勞工也能度假

隨著噴射引擎客機的發明，長距離的旅行變得越來越可行。英國彗星型客機（De Havilland Comet）於1949年首次飛行，並在1952年投入商業服務。然而，波音707才是真正主宰了產業的飛機，不只成為美國航空最主要的機種，在許多非共產國家也是如此。1960年代陸續開發出更有利的引擎和機體設計，使得飛機的規格提升，而波音747更是集大成者。

隨著時間過去，飛機變得更節省燃料，也能攜帶更多燃料。因此可以安排更長程的飛行，不需要停下來補充燃料。以前用來補充燃料的站點，例如紐芬蘭的甘德（Gander）、緬因州的班哥（Bangor）、愛爾蘭的香儂（Shannon）和亞速群島（Azores）也就變得不再重要。相對的，歐洲的航班可以直接飛往美國東岸，然後再前往西岸和香港。

1940年代晚期到1970年代初期的經濟「長期繁榮」，使得**觀光業大幅**

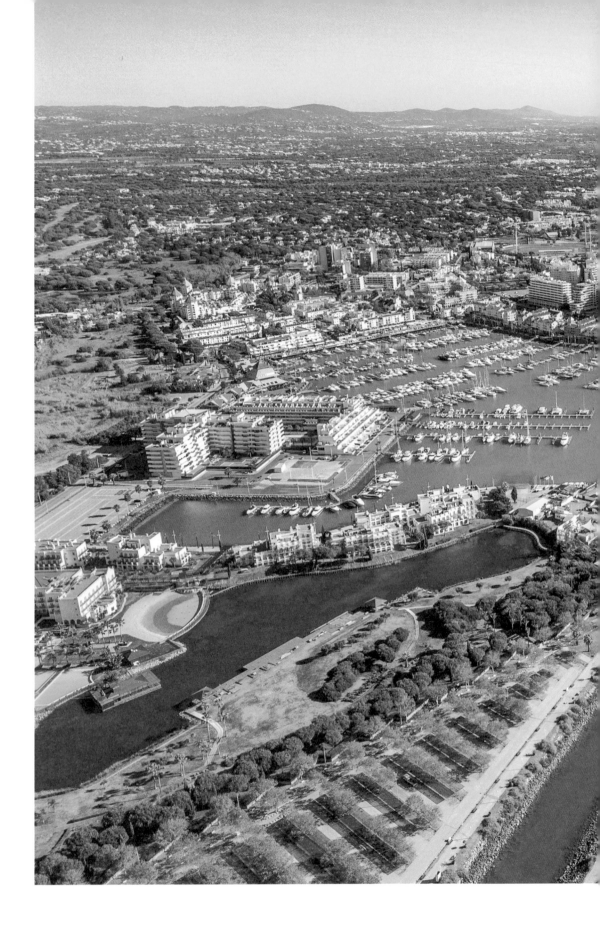

▲阿爾加維地區。這個海濱度假區的開發,是 1960 年代大眾消費主義的一部分。

成長，而且在社會結構中向下延伸到中產階級，甚至是勞工階級。這個過程的驅動力是財富累積及更長的假期，並且也受到社會創新的影響，特別是

將飛機與飯店結合的套裝行程。

連鎖酒店變得很重要，例如喜來登集團就向美國觀光客提供了可靠的住宿與食物。這類的酒店成為度假景

▲波音 747 的原型。這臺噴射客機降低了飛行的成本，並且反映了美國強大的工業實力。

點的錨點，就像希爾頓在夏威夷歐胡島檀香山附近代表的意義一樣。

美國的航空公司則負責開發觀光航線，將觀光客送到度假區。寬鬆的

規畫管理以及低廉的地價，也是度假勝地發展的因素，例如墨西哥的阿卡普爾科（Acapulco）和猶加敦（Yucatán）、葡萄牙的阿爾加維（Algarve）和西班牙的布拉瓦海岸（Costa Brava）、太陽海岸（Costa del Sol）。

1960 年代開始，觀光業成長相當迅速。西班牙的國際觀光客人數從 1959 年的 400 萬，成長到 1964 年的 1,400 百萬。他們大部分來自法國與北歐，特別是英國。德國人則漸漸在義大利的觀光客中成為主流。

空中旅行也是發展的關鍵。1965 年法魯機場（Faro）的興建，對於阿爾加維觀光業的發展至關緊要。希臘同樣也成為重要的觀光景點。在東歐，相似的情況則是東德的勞工前往保加利亞黑海海岸的度假區瓦爾納（Varna），但他們主要的旅行方式是火車。

國內旅遊的重要性也隨之提高，例如俄羅斯人前往黑海的度假區索契（Sochi），而史達林也很喜歡該地；美國人會前往佛羅里達與夏威夷，法國人則會到地中海沿岸。

1989 年蘇聯從阿富汗撤軍，這對於緩解冷戰的情勢至關緊要；然而
阿富汗的局勢依然混亂。

第八章

冷戰的
最後階段

1975-1989

　　1974 年時，美國的經濟與政治都陷入困境，英國也苦苦掙扎，葡萄牙帝國的垮臺與南越的情勢，都可能導致共產黨進一步擴張。毫不意外，沒有人有信心西方能在冷戰中獲勝；但事實上，民主戰勝了蘇聯集團，不過卻在中國嘗到敗績。

1975-1979 年
國際關係
太空競賽終結，共產集團內部對立

1975 年，伴隨著美國與蘇聯的聯合行動「阿波羅－聯盟測試計畫」（Apollo-Soyuz Test Project）展開，代表了太空競賽的終結；1970 年代中期簽訂許多協議，特別是 1975 年的《赫爾辛基協議》（*Helsinki Accords*），在實務上承認東歐集團的利益，因此鞏固其地位，並穩定了冷戰的情勢。

然而，雖然歐洲的緊繃緩解，冷戰卻仍然持續著，而**東西雙方在西歐帝國終結的世界中**，似乎都還有許多勝負未定的明爭暗奪。**中東地區成為了其中關鍵**，美國則試圖緩解其地區

▲阿波羅－聯盟測試計畫小組。這是冷戰期間美蘇合作的重要事件，但緊接而來的卻是逐漸加強的太空軍事化。

▲前埃及總統安瓦爾‧薩達特（Anwar Sadat）和前以色列總理梅納罕‧比金（Menachem Begin）在簽訂《大衛營協議》後握手，美國總統卡特也慶祝此協議成立。中東情勢緩解是美國外交的重大勝利，並確保以色列不會在未來的戰爭中兩面受敵。

性的壓力。

吉米‧卡特政權（Jimmy Carter，1977–1981）協助促成了埃及與以色列間的和平條約，包含了 1978 年的《大衛營協議》（*Camp David Accords*）和 1979 年的《埃及－以色列和平條約》（*Egypt–Israel peace treaty*）。

另一方面，中國則在 1979 年初對蘇聯的盟友越南發動攻擊，為長期的前線衝突揭開序幕，並顯示出**共產集團內部衝突對立**的嚴重性。這樣的對

▲衣索比亞的激進分子門格斯圖（Mengistu Haile）奪權後，成為血腥的獨裁者，並讓國家陷入一連串的內戰和饑荒中（見下頁）。

立幫助維繫了中國與美國之間的良好關係。此外，在東南亞已經再也沒有其他「骨牌」可以落入共產黨手中了。

至於非洲部分，衣索比亞的獨裁者門格斯圖向蘇聯尋求支持。他的恐怖統治反映了即便在史達林過世後，其主義對於許多統治者的態度和政策，仍有著一定程度的影響。蘇聯大使安納托里‧拉塔諾夫（Anatolii Ratanov），觀察門格斯圖支持者在衣索比亞軍臨時政府德爾格（Derg）中的殘暴行動，發現與蘇聯早期革命經驗有許多相似之處。

1970 年代蘇聯在非洲的成功，尤其是安哥拉與衣索比亞，讓許多成員對於其成就相當自豪，並且相信蘇聯也能為其他地區的共產黨帶來突破性的發展。

▋加速的失序年代
人類資訊量因網路暴增，環境壓力也逐漸失衡

於此同時，科技也在變化。就像先前飛機和抗生素等創造，值得注意的不只是一開始的發明，也包含了其後的改善、傳播和整合。碳纖維、強化聚合物、高級合金與陶瓷都扮演了一定的角色。矽晶片則讓更有效的溝

▲蘋果電腦。早期的電腦體積大而笨重，是普及化的障礙。

通傳遞方式得以問世；最初，由於缺乏小型化的技術，電腦不但體積大又昂貴，而且記憶容量有限。隨著電路越來越有效率，電腦的體積大幅縮小，價格也跟著降低；從 **1970 年代晚期開始，電腦廣泛在辦公室和家中使用。** 光纖電纜是 1970 年代的另一項發明，提升了電纜系統的效能，以及其所能乘載的電話和電腦訊息容量。多虧了電子郵件，人們能傳輸的訊息和資訊量達到前所未有的龐大。

足以使整個產業轉型的公司也紛紛成立，例如 1976 年的蘋果。除此之外，產品規格也快速變化。1984 年，蘋果推出麥金塔（Macintosh），這臺電腦配備圖像介面，透過滑鼠來控制。而滑鼠這項新的輸入工具比起以前更直覺得許多。

因此，不久以前的產品就變得多餘，或至少不再被使用，無論是計算用的計算尺和對數表、電傳打字電報機、手動打字機或通訊用的付費電話等等。雖然電報和電話都已經算是令人眼睛一亮的早期發明，卻無法提供電腦和光纖纜線那樣，全球性的溝通網絡或即時訊息傳遞。

環境也持續承受壓力，不只是因為**世界人口增加對資源帶來的影響，**也因為從 **1970 年代晚期，全球暖化的步調就不斷加快。**這影響了動物的棲息地和繁殖模式，有些動物只能向北方移動，例如海象和雲杉小蠹蟲。然而，北極浮冰的減少讓北極熊更難狩獵。而從地區性的角度來看，發電廠與工廠的廢水排放使得海水溫度提高，並且導致附近動物與植物的活動增加。

垃圾量增加也為許多動物提供了機會，從熊到齧齒類都因此受益。關於人類與生物間競爭的擔憂，分成許多類型。1975 年轟動的電影《大白鯊》（*Jaws*）就對人與鯊魚的競爭概念有生動的描繪，並且在日後也推出了續

▲英特爾的 C4004 處理器。零組件小型化對於新興產品的流行至關重要，提升了 20 世紀晚期的機器效能，也進一步提高了人類的能力。

集。之所以持續出現消滅天敵的論述，也是受到許多電影的支持，其中都描繪了邪惡的寄生蟲或昆蟲，例如《毛骨悚然》（*Shivers*）和 1986 年重製的電影《變蠅人》（*The Fly*）。

隨之而來對昆蟲和其他物種的宣戰，也帶來了人們不樂見的副作用。例如對抗鼠患，出現了效果越來越有限的跡象，因為動物開始對化學物質出現抵抗力。除此之外，雖然 DDT 在對付蚊子和與瘧疾的長期抗戰中效果良好，卻會影響動物及人類健康。於此同時，瘧疾的病原本身的抗藥性則是越來越強。

當人類的活動造成某些掠食者消失時，其他動物也受到影響。舉例來說，狼群和大貓的數量下降時，就幫助鹿群和羚羊繁殖，這對脆弱的環境造成了嚴重問題。到了 2000 年，美國境內鹿的數量或許甚至超過 16 世紀。在 2000 年代，法國和德國對於野生動物的保護措施並不完善，不足以讓狼群回歸；然而，美國早在 1973 年就有了《瀕臨絕種生物法案》，幫助保護動物與植物，其中也包含了禿鷹。

環境失衡的壓力同樣也出現在農

▲殺蟲劑 DDT 在 20 世紀末期的「綠色革命」中扮演了重要的角色，雖然提升了農業的產量，但也造成嚴重的健康威脅。

業上，**不只是化學肥料、除草劑和殺蟲劑的使用量史無前例，過度強調少數高產值作物的單一種植，也會降低生物多樣性**，並為特定的害蟲提供食物來源。除此之外，泥土中有機物質的含量大幅降低，而開墾後的土地（特別是玉米田）缺乏植被保護，而受到嚴重的風蝕和流水侵蝕。對於泥土層

較薄的地區，這個問題尤其嚴重。

　　幫助農業產值提升的**肥料會隨地下水進入河流，對水資源也造成重大影響**。有些肥料則會透過淋溶作用[1]、蒸發和蒸餾，最後成為雨水，進入水循環中。

　　這段時期的漁業也出現重大的改變，而這是因為大型「加工船」的出現。這些工業級的加工船配備有精密的搜尋設備，進而大幅減少了魚群的數量：在北大西洋地區，魷魚在 1980 年代被捕捉殆盡；在太平洋，過度捕撈主要的對象在 1970 年代是鯷魚，在 1980 年代則是日本鯖魚。工業捕撈在其他海域也漸漸成為問題，例如印度洋。索馬利亞的貧困漁夫因此轉而成為海盜，而在南大西洋的納米比亞也是相同的情況。

　　許多地區對這個問題都做出了努力，例如在印尼和蘇格蘭就開發出養殖漁業。在越南，湄公河三角洲出現了蝦、鯰魚和貝類的養殖場。然而，

▲加工船。漁業工業化雖然降低了漁獲成本，卻對魚群造成嚴重傷害，並且危害了許多以捕魚為生的傳統社群。

---

[1] 編按：指土壤中的可溶性物質（礦物質、有機物）被水溶解的作用。

養殖漁業也會消耗資源，而且不只是魚飼料而已，因此造成廢棄物和毒素的嚴重累積。

環保主義在 1980 年代越來越活躍，特別是綠色和平組織（Greenpeace）的活動。1985 年，綠色和平組織的「彩虹戰士號」，為了讓人們注意到法國核武試驗對太平洋造成的傷害而航行世界，停靠在紐西蘭奧克蘭港時，遭到法國特工安裝炸彈擊沉。這件事情帶來的壓力讓 26 個國家簽訂條約，致力停止在海中投放具放射性的廢棄物。

緊接而來的其他條約，則包含了限制排放破壞臭氧層氣體的《蒙特婁議定書》，以及 1991 年的《南極環境協議》，其限制 50 年內對南極的開鑿。新的「彩虹戰士號」在 1989 年出發，同年停泊於阿拉斯加威廉王子灣的「艾

▲艾克森瓦德茲號清理過程。這次的環境浩劫也顯示出雖然世界經濟不斷發展，人類和動物的生命仍然如此脆弱。

▲爆炸後的車諾比核電廠。蘇聯在車諾比核反應爐所發生的悲劇，源自不當的管理和安全措施，同時也象徵了蘇聯的衰落。

克森瓦德茲號」（Exxon Valdez）發生漏油事件，共有 3 萬 7 千平方噸的石油漏出，造成環境的浩劫。

車諾比核災，象徵蘇聯的衰弱

烏克蘭車諾比核能發電廠爆炸的慘劇，以及蘇聯政府對此事缺乏誠信和效率的回應，都顯示了**整個蘇聯體系的脆弱和懈怠**。核電廠的經營者們決定進行安全性測試，方式卻是移除所有主要和次級的安全預備措施。因此，發電廠圓頂內的空氣壓力在 4 秒之內提升 1,400 倍，造成圓頂爆炸。

蘇聯政府等了兩個星期才報告這場意外，致使蘇聯境內和其他地區所有對抗輻射的必要預防措施都無法執行。放射性物質擴散至大部分的歐洲，影響了水源和牲畜。因為核能對於環境造成的嚴重危害，這次事件引起了反核的聲浪。人們再次把發電的重心，轉回燃燒煤礦等化石燃料；使用煤礦來發電的需求在中國和印度特別急切，因而影響了貿易，使煤礦的重心由澳

洲轉移到中國。

依賴進口石油，讓美國關注中東

身為最大的產油地區，中東政治情勢在全球的地位越來越高。2000 年時，中東石油輸出國家組織會員國，擁有全世界已知石油儲量的約 66%，光是沙烏地阿拉伯就控制了 25%。在頁岩油發展之前，美國對石油的需求有一半都必須仰賴進口；到了 20 世紀末，**美國石油消耗量約為全球總產量的 25%**。如此對中東地區的依賴，更**加深了美國對中東議題的關注**。

從全球的角度來看，能源需求提高反映在人均及總計的能源消耗量，這是經濟活動改變、社會發展和居住環境不同所帶來的影響，於此同時，能源使用的範圍也在擴大。使用石油的機具在農業上日益重要，除了提高石油需求，勞工也漸漸被機器取代。

美國對於包含大眾運輸的燃料經濟缺乏投資，因此對環境造成嚴重傷害。**美國是人均溫室氣體排放量最高的國家，大部分原因是盛行的汽車文化**。汽車與石化工業的結合，讓美國光是休士頓的都市區域，在 1990 年代晚期就每年排放出 20 萬噸的氮氧化物。於此同時，**中國和印度的工業化也大幅提高了國際的石油需求**，有部分是因為這兩個國家都缺乏國內的油源；中國和印度也成為中東石油的重要消費者。

空調──人類改變了地理限制

空調的發明大幅改善了炎熱地區的生活，卻也提高了電力消耗。空調與建築和汽車結合，並反映了實際的地理限制，其實在相當大的程度上可以被人類改變。空調讓波斯灣和南美洲等地區變得整年都適宜居住，也能吸引來自較寒冷地區的移民，例如美國東北方。人們不再打開窗戶或電風扇，而是習慣打開空調。對於穩定可靠電力的需求也因此大幅提高。

▲沙烏地阿拉伯國家石油公司的煉油廠。沙烏地阿拉伯的石油產業是全球經濟的重要面向,並且與美國利益息息相關。

雷根政權下的美國

減稅政策打贏冷戰，卻打倒窮人

　　1977 年上臺的民主黨總統卡特，在下次選舉前失去了民心，使共和黨候選人雷根在 1980 年贏得選戰；後者在 1984 年又輕鬆當選連任，證實了他的人氣和政策執行力。雷根是個成功的國家元首，幫助美國的民心從「辦不到」轉換成「辦得到」，並且提供了足夠的信念，帶領人們克服了 1970 年代以來的挫敗感。

　　與從政生涯早期相比，雷根在執政時期變得較不保守；而和其他右派共和黨員比起來，**他更偏向社會自由主義**。然而，雖然**減稅和放鬆管制促成了經濟成長，因此讓美國在與蘇聯的冷戰中勝出，但雷根的減稅政策，反而變成打擊「窮人」的手段**。雷根提出的辯解是政府的行動失敗了：「我們對貧窮宣戰，而貧窮獲勝了。」

協助「穩定」中南美洲

　　雷根政權顯著加劇了冷戰情勢。除了軍事支出大幅提升（特別是海軍），美國也積極介入對抗拉丁美洲的激進主義，例如尼加拉瓜和格瑞那達，並且對抗非洲支持蘇聯的國家（安哥拉）。

　　蘇聯缺乏足夠的金錢和借貸管道來與之競爭，而美國精良的武器反映出其應用科技的活力，並開始討論以太空為基礎的防禦系統，又被戲稱為「星際大戰」。美國與蘇聯之間的緊繃關係，在 1983 年達到最高峰，雙方都準備面對另一方的攻擊。雷根甚至挑釁的稱蘇聯為「邪惡帝國」。幸好最後得以避免開戰。

　　然而，在其他地區的情況就大為不同。美國支持阿富汗的穆斯林聖戰者、安哥拉的「爭取安哥拉徹底獨立全國聯盟」（UNITA）和波蘭的「團結工聯」（Solidarity），為的是大幅削減蘇聯的勢力。

　　在尼加拉瓜，左翼的桑定民族解放陣線在奪得政權後，就不斷面對來自美國的壓力。這其中包含了對港口的轟炸，以及從 1981 年開始偷偷軍備支援「康特拉」（Contras，以鄰近的

▲雷根在 1981 年到 1989 年間擔任美國總統，在國內和國際間都是重要的保守主義價值傳遞者。

▲康特拉為左翼尼加拉瓜政權的反對派，受到美國的積極資助，並導致 1980 年代中南美洲極度不穩定的情勢。冷戰在該地區造成了深遠的影響。

宏都拉斯為基地的反革命組織）。雖然康特拉組織協助動搖了尼加拉瓜，造成一定程度的傷害，卻無法推翻桑定派勢力，反而提升了他們的戰意。

1975–1989 年世界經濟
全球金融體系——美國模式

美國公共財政對世界大部分地區都造成了壓力，越來越多國外資金流入美國，外資大規模購買美國公債，**這使聯邦政府可以輕鬆借貸資金來應付支出，其中包含了逐漸累積的國防軍備預算。**

1980 年代美國吸引人的利率，讓美元在外匯市場的需求居高不下，而這樣的需求又進一步確保全球的資金流動都以美國為中心。因此，中東地區的「油元」，也就是石油帶來的收益，都被投資到美國，或是透過美國而投資。

然而，這樣的美國模式在 1970 年代，為許多國家帶來龐大的壓力，尤其是東歐和拉丁美洲等承受大量債務的國家。東德在 1989 年破產，有部分反映了東德無法採取結構性的經濟改革來提升競爭力，另一方面則反映了其在 1970、1980 年代，過度舉債來支付進口的消費品。

金融提供了讓世界共同運作的系統，某種程度上**也將國內經濟與國際權力政治產生緊密的連結；漸漸的，市場上交易的金錢量甚至多過貨品量。**主要的金融中心還是在倫敦與紐約，但隨著德國與東亞的經濟成長，讓法蘭克福、東京、香港和新加坡的重要性也不斷提高。

和過去相比，金融中心的規定放鬆許多，特別是倫敦的「金融大改革」（Big Bang），更進一步提升了市場流動性。創新的作法，例如發行國際債券

▲ 1980 年新加坡的貨櫃碼頭。新加坡是重要的經濟活動中心，因為其太平洋的地理位置而發展成港口都市，香港是其最大的競爭對手。

（Eurobond）[2]，對提供信貸和解鎖特定來源的資產來說都至關重要。

然而，有時也會出現不當銷售、不良信用行為、不良資源分配，甚至是詐騙的情況。美國的儲貸危機（Savings and Loan Crisis）[3]可以說是最明顯的案例，甚至影響了老布希（George H. W. Bush）總統的選情，讓共和黨在 1992 年的大選中敗陣。

柴契爾夫人
冷戰末期雷根的重要盟友

1979 年英國大選，保守黨的瑪格麗特・柴契爾（Margaret Thatcher）當選；這意味著 1976 年到 1979 年左派工黨詹姆斯・卡拉漢（James Callaghan）的領導失敗。柴契爾在 1983 年和 1987 年都輕鬆連任，也為雷根政府持續提供了支持和鼓勵。

柴契爾面對的危機不全然都與冷戰有關，其中也包含了 1982 年與阿根廷的戰爭，起因是阿根廷出不意的奪取了英國南大西洋的殖民地福克蘭群島。隨後英國快速奪回福克蘭群島，成功展現了柴契爾的決心，也幫助她順利連任。

然而，愛爾蘭共和軍（IRA）的攻

---

[2] 編按：在國外金融市場上發行，以外國貨幣為面值的債券。通常為不記名債券，也就是發行公司或政府沒有把所有人姓名登錄在名冊上，其利息也不用預扣所得稅。

[3] 編按：美國因對抗通膨大幅加息，導致儲貸公司大規模虧損。政府於是放寬管制讓它們「自救」，包括准許投資地產、股票及高息債券等；然而美國房市持續下跌，使逾千家儲貸機構倒閉。

▲ 1980 年的波蘭罷工。民眾對於糧食價格上升不滿而導致大規模罷工，波蘭政府在蘇聯的持續壓力下，只得實施戒嚴來鎮壓抗爭（見下頁）。

擊就與冷戰有關了。愛爾蘭共和軍是受共產軍備支持的愛爾蘭民族主義者，曾嘗試暗殺柴契爾。而 1984–1985 年間「礦工罷工」背後的目的，其實也是要推翻政府。

柴契爾雖然克服了這些挑戰，但最終消磨了國會同僚對她的信心，迫使她在 1990 年辭職；而英國內部對於歐洲經濟共同體（歐盟）關係的意見分歧，也對這段時期的局勢造成重大影響。

▌冷戰的終結
沒有經濟，免談意識形態

蘇維埃體系內的經濟問題，在「長期經濟繁榮」時期遭到掩蓋，但 1970 年代中期的經濟惡化，使得這些問題加劇，且當時的領導人布里茲涅夫缺乏有效的應對方式。對於軍武的大量投資是主要問題，但同樣嚴重的因素是無法發展消費，進而得到足夠的民意支持。

然而，傳統的共產黨意識形態，在 1977 年隨著蘇聯的新憲法而再次被強調。新憲法本質上與 1936 年史達林所推出的相同，並毫無掩飾的強調了「黨」所扮演的角色——蘇聯社會的領導與指引，並有權決定蘇聯內部和外交的政策。

波蘭可說是共產黨統治失去人心的代表，再加上傳統波蘭人對俄羅斯／蘇聯的敵意，以及民族對基督信仰的強烈投入。1980 年大規模罷工的導火線，是逐漸上漲的肉類價格，然而不受官方掌控的「團結工聯」工會創立，挑戰了政府的權威，並且引發其他共產政權的擔憂。

蘇聯國防部長支持軍事介入，但他的同僚都不願插手，而雷根也對蘇聯提出警告。此外，蘇聯也擔心波蘭人會與蘇軍對抗，而這樣的侵略行動對其他地區蘇聯部隊的影響也屬未知。

最後，波蘭首相及波蘭統一工人黨第一書記沃伊切赫·賈魯塞斯基（Wojciech Jaruzelski）控制了情勢。在蘇聯的鼓勵下，波蘭於 1981 年 12 月宣布戒嚴，並且動用準軍事的武裝部隊，逮捕了團結工聯的領導人和其他數千名成員。

經濟改革，反而導致蘇聯垮臺

蘇聯在 1980 年代初期的不良領導，帶來了政治癱瘓和經濟失敗的強烈氛圍。在人民層面，肆虐的酒精成癮也反映了共產主義低迷的吸引力；而實際上，共產黨確實也只剩下低落的效率和壓迫而已。

1985 年，年紀較輕的領導人戈巴契夫（Mikhail Gorbachev）上任蘇聯共產黨總書記，決心進行國內改革，並追求良好國際關係；這代表了蘇聯的新路線。由於與美國在武裝控制上的談判成功，冷戰的緊繃情勢明顯得到緩解，這也換來了 1987 年的《中程飛彈條約》，而此條約一直到 2019 年都維持效力。蘇聯也在 1989 年從阿富汗撤軍。

戈巴契夫新政策的目的是為了強化蘇聯，結合經濟和政治的改革，並鞏固共產黨的控制。然而，事實證明這是不可能的。

戈巴契夫的政策，無意識間減損了共產黨統治的正當性，並且動搖了

▲戈巴契夫與雷根簽署《中程飛彈條約》，因此降低了冷戰在歐洲的衝突強度。

蘇聯內部已經岌岌可危的政府控制，而他在東歐鼓勵的改革，則造成了更立即且具破壞性的影響。這些混亂現象與批評，或許是蘇聯（低效率且不得民心的）系統放寬，所帶來的必然結果。

東歐政府（尤其是波蘭）抗拒改革的壓力，然而在 1989 年，東歐共產勢力發現他們失去蘇聯在政治、軍事上的支持。面對民眾的反抗，特別是針對其僵化的系統，這些政府都垮臺了。總體來說，這是段和平的過程，反映了共產黨政權引發的強烈民怨。

最戲劇化的事件則是 11 月 9 日晚間柏林圍牆的開放。東德政權當時正面臨大規模抗議及大量人民逃往西方，而西柏林的示威群眾利用這個弱點，推倒了柏林圍牆。然而，羅馬尼亞的祕密警察持續抗拒改變，一直到遭到軍隊打敗為止。

■中國的新方向
和美國合作，經濟自由化

這時期的中國，共產黨正朝著很不一樣的方向發展，他們使用軍隊來

對抗改革的壓力——1989 年的北京天安門廣場。

毛澤東在 1976 年逝世，當時的國務院總理華國鋒與共產黨激進的「四人幫」[4] 對抗後，成為中國共產黨中央委員會主席。然而，隨著更務實的對手鄧小平崛起，華國鋒的勢力也跟著衰弱。

提出改革開放的鄧小平在 1978 年確立領導地位，其權力一直維持到 1997 年。在 1980 年間，許多反革命的嫌疑分子都受到公開審訊，其中也包含了江青。這是鄧小平企圖懲戒文化大革命，並復甦社會主義法治的手段。

鄧小平不只傾向與美國合作，也重新評估了經濟自由化，而非一味專注於馬克思主義的純粹性。臺灣、南韓和新加坡的發展讓鄧小平相信，資

▲ 1989 年柏林圍牆倒塌。這一刻具有強烈的實質和象徵意義，代表著冷戰的結束，以及在衝突中心推翻了共產黨統治的象徵。

---

[4] 編按：王洪文、張春橋、江青（毛澤東遺孀）和姚文元。

本主義的現代化是有效的。

1979 年，中國與美國建立正式的外交關係，**鄧小平成為第一位拜訪美國的中國共產黨領導人**，並參觀了美國太空總署的總部和波音公司的廠區。1978 年的《中日和平友好條約》，也協助鞏固了中國的新地位。

鄧小平傾向**採用由共產黨控制的經濟開放手段**，但這在 1989 年遭到示威者挑戰（六四天安門事件）。這些示威者在共產黨內部得到一些支持，例如改革派主要領袖之一趙紫陽；然而，共產黨動用軍隊重新控制了北京和其他城市，隨後趙紫陽遭到撤銷黨籍並軟禁。

在後續的處理中，經濟自由化仍然以自由市場改革、對外開放的形式推動進行，但共產黨的控制依然持續。

▲ 1979 年，卡特總統歡迎鄧小平拜訪美國，這象徵了國際關係重組的重大時刻。

改革挑戰了國有重工業的可行性，而隨著西方科技與管理技術的引進，經濟的重組於焉展開。

▌印度情勢
官僚、教派衝突，是最大的挑戰

在這個時期，印度是除了中國以外人口最多的國家。印度雖與蘇聯結盟，但並不算世界的強權，一部分的原因是**它不具備足夠的軍事影響力**，而且還必須面對中國與巴基斯坦的威脅。中國在 1962 年的邊境戰爭中打敗印度，但巴基斯坦在 1948 年、1965 年和 1971 年的三場大規模印巴戰爭中落敗。最後一場戰爭則讓東巴基斯坦獨立，成立孟加拉共和國。

印度的經濟起起伏伏，有部分原因是過大的官僚制度。1960 年代開始，中央政府享有更大的權力，但並非反映在對外部挑戰的應對，而是出現在其他許多國內的變化。印度從數個利

▲英迪拉‧甘地將印度政治朝向獨裁統治推動，並且在 1984 年暴力鎮壓錫克教激進分子後遭到暗殺。

益集團和權力中心組成的政府，轉向更中央集權且較不多元的政權體制。這主要的原因是**政府決定介入並規畫現代化和成長發展**，但過程也反映出其中的挑戰和困難。

人民生活水準受到了人口增長影響，而主要勞動階層大都未受過良好的教育；教派衝突也是印度面臨的一大

---

[5] 編按：印度以印度教為主，鄰近巴基斯坦地區則為伊斯蘭教。

[6] 編按：印度的一神教信仰，是世界第六大宗教。

問題，特別是在旁遮普邦（Punjab）[5]。1984 年，政府動用軍隊鎮壓錫克教[6]分裂分子，而後導致總理英迪拉·甘地（Indira Gandhi）被錫克教保鑣刺殺，憤怒的暴民們則殺害了大約 8,000 名錫克教徒。

印度東北方和喀什米爾也同樣有分裂主義者，不過印度從 1948 年開始就占據這些地區。在印度的中東部，納薩爾派（Naxalites）發動毛澤東主義的革命，反抗嚴重的經濟不平等現象。雖然國會黨支持多元文化主義，但印度教宗派主義的印度人民黨（BJP）對

穆斯林相當反感，而印度的伊斯蘭教信仰人口也僅次於印度教，因此造成不少分歧。

伊朗伊斯蘭革命
引發兩伊戰爭，卡特敗選

伊朗最高統治者沙阿（Shah，波斯語中的古代君王）所引發的民怨和不滿，終於招致其於 1979 年被推翻。伊朗伊斯蘭革命與伊斯蘭共和國衛隊的領導人魯霍拉·何梅尼（Ruhollah Khomeini），將支持最後一位沙阿巴

▲ 1971 年 4 月 13 日，志願者在朱瓦丹加（Chuadanga）軍營中接受東巴基斯部隊的訓練，準備投入孟加拉解放戰爭。

勒維的美國視為「極惡的撒旦」。

他在 1979 年挾持美國大使，引發了一直持續到 1981 年的人質危機。當聽聞自己的行為違反國際法時，何梅尼宣稱伊斯蘭的教義永遠在這些世俗規矩之前，並認為國際法從未為伊朗人民做過任何事。

除此之外，這 52 名人質的命運對美國內政帶來了深遠的影響；卡特總統沒辦法拯救他們，象徵了他的軟弱，也使他在競選連任中失敗。攻擊大使館不是只有象徵意義，也阻止了反對伊斯蘭革命者的起義。何梅尼告訴蘇聯的大使，穆斯林國家和非穆斯林政府永遠不可能會互相理解。

伊拉克的恐怖獨裁者薩達姆‧海

▲伊朗伊斯蘭革命。累積已久的民怨讓伊朗在 1979–1980 年間面對大規模的衝突；然而，原本單純的社會改革者很快就被伊斯蘭基本教義派取代。

珊（Saddam Hussein）利用巴勒維被推翻的機會，於 1980 年發動侵略，卻發現自己身陷一場贏不了的戰爭。兩伊戰爭持續到 1988 年，是這 10 年間死傷最慘重的戰爭，也幫助伊斯蘭革命鞏固其對伊朗社會的威權控制。

■以阿衝突
美國勢力，
為以色列安全奠定基礎

　　以色列對巴勒斯坦恐怖攻擊的擔憂，在全世界祕密掀起了「反恐戰爭」；例如 1982 年以色列入侵黎巴嫩。然而這場戰役雖然成功，但以色列最終還是從黎巴嫩撤軍，並且未得到其理想的結果。

　　然而，**埃及、約旦納入美國勢力範圍後，就為以色列的安全奠定了基礎**；而因為兩伊戰爭的影響，以色列因此只需要擔心相對較短的北方國界遭受攻擊。

　　1987 年，新的挑戰「巴勒斯坦大起義」（Intifada）出現。人們反抗以色列統治阿拉伯領土，特別是它們在約旦河西岸的開發。從向當局丟擲石頭抗議開始，這場起義反映了，當有一部分人口感受到被孤立時，**中東強制實施的政治協定與統治有多麼脆弱**。以色列發現這種新型態的「戰事」非常難以應付[7]，也顯現了正規軍隊在面對一般民眾時的種種限制。

■非洲
武力是最重要的政治手段

　　居高不下的出生率和下降的死亡率，使非洲人口快速成長；隨之而來的便是飢荒的挑戰，特別是 1983–1985 年間的衣索比亞，有 20 萬到 120 萬人民死亡。除此之外，資源壓力也帶來部落間的衝突，且又與國家的內戰相互影響，例如安哥拉與蘇丹（分別打了 27 年、22 年內戰）。

　　獨裁統治也很常見。幾內亞從法國獨立後，1958 年到 1984 年間的總統

---

[7] 編按：巴勒斯坦人以「冷兵器」向以色列示威，以石塊、自製燃燒瓶與現代武裝的軍警對抗；並採用遊行、罷工、抵制美以貨物等和平方式，不與占領當局合作。

艾哈邁德・塞古・杜爾（Ahmed Sékou
Touré）就維繫了長期的獨裁威權統
治，期間也時有清除異己的行動，稱
為「熱帶古拉格」[8]。

由於普遍缺乏民主程序，**非洲大
部分（但並非全部）地區都是以武力
作為主要的政治手段**，而這也使統治
重心都放在軍隊上。和拉丁美洲的情
況相似，局勢的穩定性又進一步受到

沉重的國際債務負擔所侵蝕。

在安哥拉，馬克思主義的起義「安
哥拉人民解放運動」（MPLA）受到蘇
聯和古巴支持，在 1975 年勢力漸漸增
長，但被美國與南非支持的「爭取安
哥拉徹底獨立全國聯盟」所反對。

除此之外，安哥拉人民解放運動
內部也有反對者，不滿於其領導人阿
戈什蒂紐・內圖（Agostinho Neto）的

▲對抗葡萄牙統治 15 年後，安哥拉人民解放運動終於成功。

---

[8] 編按：古拉格一詞詳見第四章。杜爾任內期間實行親共外交政策。

獨裁統治。1977 年，政府鎮壓了安哥拉人民解放運動中的「派系主義者」，也就是內政部長尼托·阿爾維斯（Nito Alves）所發動的政變。

當尼托試著鞏固權力時，約有 2,000 到 70,000 名安哥拉人在過程中喪命，（古巴部隊也參與了這場政變）。這場屠殺成為安哥拉人都銘記在心的事件，而由於國外大都支持安哥拉人民解放運動，於是此事件也未受到太多關注。只能說這樣的選擇性忽視，在 20 世紀的歷史中太過常見了。

拉丁美洲
國際毒品的主要生產者

拉丁美洲和非洲所面對的問題極度相似，而且不僅僅是環境惡化、軍事統治和債務負擔而已。拉丁美洲在國際的毒品交易中扮演著關鍵的角色，特別是古柯鹼。然而，1980 年代的拉丁美洲也出現了民主浪潮，特別是巴西、玻利維亞、秘魯和巴拉圭。

阿根廷軍政府在 1976 年奪權後，透過恐怖統治和謀殺來鎮壓任何不滿的跡象，在這場「骯髒戰爭」[9] 中，至少 9,000 人被殺害，而許多孩童則被俘虜並送交認養。軍政府在 1982 年對英國發動戰爭，爭奪福克蘭群島，卻以失敗告終，致使阿根廷在隔年成為民主國家。在巴西，軍政府於 1985 年結束，反對黨總統在大選中勝出；而在 1988 年，巴西更推出了民主的憲法。此後，巴西維繫民主制度，但結合了部分的社團主義。

和其他地區一樣，隨著都市人口增加，其重要性也隨之提升。舉例來說，巴西聖保羅的人口從 1930 年的 100 萬提升到 1990 年的 1,710 萬、里約熱內盧的人口從 150 萬到 1,120 萬；布宜諾斯艾利斯的人口則從 200 萬到 1,260 萬。

然而，許多大都市的基礎建設都不足以應付人口增加，特別是住房和提供清潔的水源方面。里約熱內盧在 1940 年代興起，由貧民窟（favela）組成，且國家和警察在此地的權力相當有限。貧民窟在其他成長中的城市也

---

[9] 編按：Dirty War，發生於 1976 年到 1983 年間。

很常見，例如南非的開普敦。

毒品利潤龐大，
甚至能資助叛軍

消費主義有許多種形式。雖然各國和國際警察採取許多行動，但毒品的消費和貿易在 20 世紀下半葉仍然顯著成長。財富成長支持了毒品貿易，其他因素也包含了休閒和健康上的自助用藥。事實上，後者在生活中確實

扮演了重要的角色，包含自我治療和宗教用途。

在這個步調加快的社會中，服用藥物或毒品也是追尋刺激的一部分，並且代表了對整體經濟和文化來說，相當重要的創造力。廉價、可吸食且高度成癮的快克（Crack），就是 1980 年代初期發明的新型毒品。

到了 2000 年，毒品的零售價值大約每年都超過 1,500 億美元（不需要扣稅，因為整個產業都是非法且以現

▲巴西支持民主的示威運動。軍政府的統治面臨壓力，使巴西最終回歸民主體系。

▲阿根廷首都布宜諾斯艾利斯，這座城市是南美洲人口與經濟成長的焦點。

金交易），其中大約 40% 在美國。有相當大的組織參與其中，而政府無法控制這些交易，這顯示了管理社會及影響社會習慣有多麼困難。毒品的交易和使用，導致許多國家陷入毫無法紀的混亂狀態，例如哥倫比亞和墨西哥；在 2000 年的巴西，每 10 萬人就有 23.7 人因為謀殺死亡。

毒品的交易路線也是重要的一環。古柯鹼主要生產於哥倫比亞，而最大的市場則是美國。1970 年代大多依靠小型飛機運送，1980 年代則是快艇。南亞也會向歐洲提供海洛因等毒品。

奔放的文化，保守的政府
愛滋、槍枝、恐怖主義……充斥不同聲音的社會

在這時期不同的藝術領域中，都出現了對傳統常規的抵抗。普普藝術（Pop Art）將流行文化中的漫畫風格

與既有的藝術方法結合；抽象表現主義不只在表述形式上脫離傳統，繪畫手法亦然，其代表的畫家包含美國的傑克遜・波洛克（Jackson Pollock）和馬克・羅斯科（Mark Rothko）。

此外，另一位美國藝術家約翰・庫利奇・亞當斯（John Coolidge Adams）在歌劇領域也有類似的突破，例如《尼克森在中國》（*Nixon in China*）和《克林霍夫之死》（*The Death of Kling-*

hoffer）。第三世界的藝術家也試圖對抗西方常規，並在藝術界取得一席之地。

1980 年代的小說家則擔心社會缺乏價值，並沉浸於自私的消費主義中，例如英國的馬丁・艾米斯（Martin Amis）就寫了《金錢》（*Money*）和《倫敦戰場》（*London Fields*）；美國的傑伊・麥金納尼（Jay McInerney）寫了《如此燦爛，這個城市》（*Bright*

▲ 1985 年，哥倫比亞警察放火燒毀沒收的古柯鹼。在哥倫比亞和墨西哥等地，毒品交易規模龐大，利潤甚至能資助叛軍團體，威脅國家穩定。

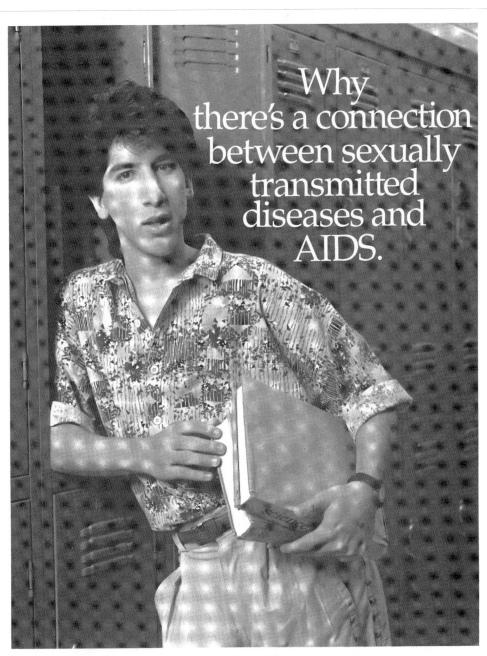

Why there's a connection between sexually transmitted diseases and AIDS.

Simple. The same type of sexual behavior that can infect you with gonorrhea, genital herpes, syphilis, and other sexually transmitted diseases (STDs) can also infect you with something else… the AIDS virus.

You get STDs by having sex with someone who is infected. That's bad enough.

But if you continue the same unprotected sexual behavior, you could get something you *can't* cure. AIDS.

If you'd like more information on the relationship between AIDS and sexually transmitted diseases, call the National AIDS hotline. 1-800-342-AIDS. The hotline for the hearing impaired is 1-800-AIDS-TTY.

AMERICA RESPONDS TO AIDS

▲公共訊息的宣傳，在面對愛滋病上發揮了關鍵作用，這張 1990 年代初期的海報就是個例子。

Lights, Big City）和《我的人生故事》
（*Story of My Life*）；塔瑪・簡諾維茨
（Tama Janowitz）寫了《圈圈裡的愛》
（*Slaves of New York*）和《曼哈頓食人
族 》（*A Cannibal in Manhattan*），而
布列特・伊斯頓・艾利斯（Bret Easton
Ellis）則寫了《美國殺人魔》（*American
Psycho*）。《美國殺人魔》諷刺所謂的

成功，描寫一位華爾街銀行家追求生
命中的美好事物之外，也渴望奪取他
人的生命。

湯姆・沃爾夫（Tom Wolfe）在小
說《走夜路的男人》（*The Bonfire of
the Vanities*）中也表達了類似的擔憂，
書中描寫了成為反烏托邦的紐約市；
和受歡迎的現代蝙蝠俠電影相比，更

▲ 1978 年澳洲科學家使用電腦分析「目擊幽浮」事件。然而這並未讓整起事件變得更可信，反倒吸引了
陰謀論者、對超自然現象感興趣，以及著迷於科技黑暗面的粉絲。

多了一些深度和洞見。

許多作家和導演，也都對愛滋病議題有一定的投入。愛滋病在 1981 年被認定為傳染病，是人類免疫缺乏病毒所造成的疾病。愛滋病的起源或許和人類在非洲的居住範圍擴大後，食用靈長類動物有關；愛滋病的傳播原因則有許多爭議，尤其是它和毒品、性行為的關係。

人們對於愛滋病的態度，也反映了不同地區的社會常規、政治壓力和繁榮程度。舉例來說，和亞洲相比，美國與歐洲有更開放的大眾性教育（也包含同性戀），使得保險套的使用率較高（在性交易中也是如此），並且也可以取得昂貴的抗病毒藥物。越來越多作家聚焦在同性文學，此時已經成為了熱門寫作主題，不再只服務小眾市場。

於此同時，也有許多人持續宣稱自己曾經目睹不明飛行物（幽浮）。隨著人類的探索，想像中外星人所扮演的角色非但沒有消失，反而變得越來越明顯。受到電影的推波助瀾，這顯示了除了以科學為根基的理論，人們也渴望另一種版本的故事，試圖解釋看似無解的問題。

雖然太空旅行的發展並不如無人飛行器，但人們對於「時間旅行」的興趣卻日益濃厚。除了它一直以來都是廣受歡迎的議題——例如赫伯特·喬治·威爾斯（H.G. Wells）的小說《時間機器》（*The Time Machine*），英國電視影集《超時空奇俠》（*Doctor Who*）——另一部分原因是，人們對於宇宙起源、黑洞概念的了解也在不斷加深。

其中也有些作品出現了有趣的想法，像是「回到過去來改變未來」，例如電影《回到未來》（*Back to the Future*）、《佩姬蘇要出嫁》（*Peggy Sue Got Married*）和《未來總動員》（*Twelve Monkeys*）。

持有槍枝，美國公民的權力

和愛滋病相比，「槍枝」才是歷史悠久且更常見的致死原因。美國隨處都能輕易獲得槍枝，不過在歐洲（特別是都市地區）持有率則逐漸下降，中國、日本和印度等地更是罕見。美國的槍枝持有率也反映了社會型態變

遷，其中女性的持有率更是顯著增加。

合法持有槍枝，在大部分歐洲和東亞地區都被視為一種社會病態，尤其是在不需要打獵或防治有害生物的都市地區；相反的，**擁有槍枝在美國則被視為對個人權利和獨立性的肯定**。事實上，槍枝持有權的支持者，正是以這些理由大聲抗辯，並引用憲法為依據 [10]。

然而，1992 年的洛杉磯暴動，就顯示了槍枝對社會穩定及警察秩序造成的威脅。這也讓某些人得以實現自身想殺害他人的幻想，其中也有名人受害，例如 1980 年約翰‧藍儂（John Lennon）在紐約遇害 [11]。這是美國社會的一個特色，也就是「暴力民主化」，然而這也與強烈的個人主義有所關聯。

槍枝和射擊畫面，也在許多電影、藝術中扮演了強烈、具象徵性且關鍵的角色。例如 1980 年電視劇《豪門恩怨》（Dallas）中，尤因（J. R. Ewing）遭到射殺的場景，以及 1994 年昆汀‧塔倫提諾（Quentin Tarantino）《黑色追緝令》（Pulp Fiction）裡的許多開槍射擊畫面。

觀眾雖然不會看見中彈傷口血淋淋的細節，但他們也不會注意到槍枝持有在美國擴散後所帶來的意外死亡，或是其造成的高自殺死亡率。

恐怖主義擴散

隨著恐怖主義和其他政治威脅在世界各地造成影響，**人們對「管制」的重視也逐漸增加**。這樣的情況在機場特別明顯，因為機場是恐怖活動的主要目標；劫機事件從 1970 年代開始變得嚴重，讓機場採取另一種預防措施，也就是不讓乘客攜帶可能用來劫機或引爆的物品登機。X 光機和其他的偵測儀器，都成了預防系統的關鍵要素。

對於建築來說，標準的防護措施包含了防爆措施、加裝強化玻璃、鐵絲網、建築外避免車輛直接靠近的保

---

[10] 編按：美國憲法第二修正案，保障公民享有正當防衛的權力。

[11] 編按：據傳凶手因為約翰‧藍儂曾說：「我們現在比耶穌更受歡迎」，認定對方褻瀆他的信仰所以動手行凶。

▲從 1960 年代晚期的巴勒斯坦恐怖分子開始，飛機便成了恐怖攻擊的重點。然而機場安檢造成的延誤，也讓許多旅行者感到不便。

護性障礙物等等。隨處可見的監視器、警報系統也是防禦的一部分。

保守的 1980

美國的雷根和布希、英國的柴契爾，以及西德的海爾穆‧柯爾（Helmut Kohl），再加上陷入危機的共產主義，都使得 1980 年代顯得相當保守；義大利與日本的情況也很相似；而在南韓，貿易工會受到政府壓迫；種族隔離的政府也持續統治著南非。

然而**保守主義的發展，是當時許多情勢和意識形態衝突的反映**，這也可能代表許多不同的意義，只要比較雷根政府和柯爾政府就可以略知一二。除此之外，1981 年到 1995 年間的法國總統法蘭索瓦‧密特朗（François

Mitterrand）是第一位在法蘭西第五共和國 [12] 掌權的社會主義者；更甚者，左翼政府持續統治第三世界的部分國家，但印尼和印度等人口眾多的國家則不在此列。

保守主義與改革的本質也一再受到質疑。在共產集團中，這可能意味著守護既定的體系，但也可能有相反的意涵，也就是利用西方價值觀來挑戰自身的體系。這個概念在 1989 年，

▲南非的種族隔離政權，對大多數黑人族群來說相當嚴苛。

[12] 編按：1958 年由戴高樂主導的「法國第五共和國憲法」施行後建立。

為中國和東歐帶來了截然不同的路線。

　若要探討這些不同之處所代表的意涵，我們需要更加謹慎；具體來說，在兩個例子中的突發事件都有一定的重要性。這同樣適用於思考不同的發展路線，在多大程度上反映了政治文化的差別，而這在探討伊朗伊斯蘭革命中的民粹主義也同樣適用。

▲ 1990 年波斯灣戰爭中，美軍首次將大量高科技武器投入實戰，展示
了壓倒性的制空、電子優勢。新型現代戰爭、美國的實力，給全世
界留下了深刻的印象。

第九章
美國霸權
1990–1999

　　隨著冷戰終結，蘇聯也在 1991 年垮臺。在世界政治和經濟上，美國都主宰了接下來的 10 年。美國雖然遭遇不少批判和反對，但其強大的程度已不再只是超級強權，而進化成了「單一霸權」（unipower）。

蘇聯解體
經濟危機、過度軍事支出，使帝國從內部崩潰

雖然分裂的民族主義在逐漸發展中，但蘇聯中央政府似乎並未使用全面資源來預防蘇維埃聯邦的崩解；然而**戈巴契夫希望能將聯邦維繫下去，即便是以較為鬆散的形式也無妨。**

當許多共和國都宣布獨立時，戈巴契夫仍努力企圖維持蘇聯的權威。於

此同時，民族主義也有了新的發展方向；鮑利斯・葉爾辛（Boris Yeltsin）在 1990 年發起俄羅斯民族主義運動，對抗僅存的蘇聯結構。

強硬派的共產主義者，於 1991 年 11 月在莫斯科發起政變失敗──這顯示了他們缺乏民意支持，也沒有能力像 1968 年在布拉格那樣行動。政變失敗後，蘇聯快速解體，共和國分別宣布獨立，戈巴契夫也無能為力；1991 年 12 月，蘇維埃聯邦宣告不復存在。

▲鮑利斯・葉爾辛。除了是位共產黨員，他也是俄國民族主義的改革者，反對保留共產黨的勢力，並且在蘇聯的解體中扮演關鍵的角色。

極權主義的失敗

導致蘇聯共產主義瓦解的因素範圍廣泛，從**嚴重的經濟管理失當**，到**過度而無效的軍事支出**皆有。極權國家的指揮系統，也很容易出現缺乏效率的程序。蘇聯的解體是自 1910 年代起，20 世紀眾多帝國崩潰的另一個例子。然而他們的快速瓦解，並未承受直接外部壓力，因此令大部分 1980 年

共產黨後的新歷史

在共產黨政府被推翻後，新的歷史將被書寫。共產黨時代用來監禁和酷刑的場所，後來成了紀念和參觀的景點，就像布達佩斯的「恐怖之屋」博物館、東德的史塔西（Stasi，國家安全部）總部及監獄，以及西烏克蘭利維夫的隆斯基監獄博物館（Lonsky Prison National Memorial Museum）等等。

▲布達佩斯的「恐怖之屋」，紀念遭共產黨處決的受害者，成為東歐公眾史學的重要建築。

代中期的政治家都感到意外。許多蘇聯學者都沒能理解整個狀況，不過有部分原因是他們不願承認，由國家完全控制的系統有其局限。

蘇聯的瓦解也再次證實了歷史的不可預測。其他帝國在 1980 年代和 1990 年都未面臨瓦解的命運，反而成功摧毀了對手：印度鎮壓了旁遮普和喀什米爾，中國在北京和西藏亦然。

1999 年東帝汶危機升溫後，印尼面對大規模的當地反抗及國際壓力（主要來自澳洲），於是從東帝汶撤軍，卻仍然控制著蘇門答臘及西新幾內亞。東帝汶最後於 2002 年獨立。

失去老大哥的共產集團

南斯拉夫社會主義聯邦共和國，並未在分裂主義的浪潮中倖存。1991 年，斯洛維尼亞輕而易舉脫離南斯拉夫，成為獨立國家；然而，在那之後，情勢就變得艱難許多。

▲波士尼亞戰爭。塞爾維亞及克羅埃西亞的民族主義，摧毀了有多元種族的波士尼亞。戰爭最終因為北約組織在 1995 年的介入才結束。

塞爾維亞、克羅埃西亞的擴張主義及種族侵略性，都為局勢帶來了混亂。南斯拉夫共和國之一的克羅埃西亞在 1991 年快速宣布獨立，而塞爾維亞人在克羅埃西亞的克拉伊納（Krajina）和斯拉沃尼亞（Slavonia）地區發起叛變，造成血腥的屠殺，並使大量克羅埃西亞人流離失所。

1992 年雖然有過短期的協議，但隨後衝突更擴大到波士尼亞，波士尼亞的塞爾維亞人組織軍隊，殺害大量穆斯林與克羅埃西亞的平民。大規模的「種族洗淨」，在許多地方都成為戰爭的手段。

由西方強勢主導的和平協定最終實行，犧牲了塞爾維亞對境內的波士尼亞（1995 年）和科索沃地區（1999 年）的控制。美國的空軍在這幾次危機中都扮演關鍵的角色。戰爭中塞爾維亞向俄羅斯尋求支持無果，如此**對北約組織的反應不足，代表著俄國的干預主義在 1990 年代已然式微。**

在曾經屬於蘇聯的中亞地區，獨裁統治取代了共產主義的共和國。與此同時，1992–1994 年間在高加索地區，剛獨立的亞美尼亞與亞塞拜然發生戰爭，而這場苦戰卻時常被歷史忽視。

在阿富汗，由蘇聯協助建立的政府在軍隊離開後不久，便被軍閥所推**翻**；然而，這些軍閥在 1996 年也失去了大部分的國土，最後由伊斯蘭基本教義派的塔利班掌握大權。

歷史的終結
民主資本主義勝利，停止了世界衝突

波斯灣戰爭的勝利，在 1990 年代初期引發了越來越多關於「新世界秩序」和「歷史終結」的討論。這些人相信**蘇聯在 1989–1991 年間的終結危機，代表美國領導的民主資本主義獲得勝利**，而隨著美國成為世界主宰，未來將不再出現會動搖世界局勢的意識形態衝突。東亞，特別是中國，也朝著美國活躍的經濟靠近，以及美國國際貿易在 1993 年到 2002 年間的大幅成長，似乎都證實了這個觀點。

〈歷史的終結〉（The End of history）一文刊登於 1989 年，美國重要的非保守派期刊《國家利益》（*The National Interest*）中，作者是法蘭西

斯‧福山（Francis Fukuyama）。福山是老布希的政策規畫辦公室副組長，他認為「西方自由民主的普世化」是「人類政府的最終型態」。

然而，他又寫道：「很顯然，第三世界的大多數地區仍深陷於歷史的泥淖，在未來許多年中依然會是衝突之地……恐怖主義與民族解放的戰爭，將持續扮演重要的角色。」事實上，他說的沒錯，例如 1991 年阿爾及利亞伊斯蘭主義者的血腥起義；以及高加索地區和前南斯拉夫地區之間的教派衝突……。

福山接著出版了：《歷史之終結與最後一人》（*The End of History and the Last Man*）一書。出版之時，他的論點顯得特別有先見之明，並且有利於評論家們支持了美國規則的重要性，以及美國採取行動加以實行的必要性。事實上，在 1990 年代美國的評論家對國際關係的討論占了最重要的地位，這也說明了美國實力如何主宰世界的政治。

▌非洲
種族鬥爭仍是最主要的問題

在非洲和前南斯拉夫的內戰後，人們對於新世界秩序的信心很快就煙消雲散。1992–1994 年，聯合國介入索馬利亞內戰失敗[1]，替美國帶來了巨大的羞辱。這讓美國不願介入預防盧安達在 1994 年的種族大屠殺。

當時非洲的頭條新聞是，人口最多的南非結束了種族隔離。1986 年，美國以聯邦立法的形式推行了撤資行動，目的在於抵制南非的種族隔離制度，他們的白人政府因此明白，唯一避免混亂的方法就是做出改變。

1994 年，南非舉行了民主選舉，而 1962 年到 1990 年間都受到監禁的納爾遜‧曼德拉（Nelson Mandela），成了南非第一位民選總統，任期從 1994 年到 1999 年。他協助緩和了種族隔離經驗所帶來的影響，選擇使用和解的手段和政策，來預防情勢混亂失控。

然而，同樣在 1994 年，盧安達的

---

[1] 編按：電影《黑鷹計畫》（*Black Hawk Down*）便以此事件為背景。

[2] 編按：長久以來圖西族擁有主導地位，比利時和德國殖民時期也選擇他們作為統治階級。在殖民主義消失後，胡圖族掌握了盧安達的政權，開始報復圖西族。

▲ 1994 年曼德拉投下他的選票，象徵種族隔離結束後南非的民主價值。

胡圖族（Hutu）極端組織接掌了政府，屠殺了超過 100 萬圖西族（Tutsi）人和胡圖族的溫和派。這場發生於 1994 年 4 月的大屠殺，目的是為了避免兩個族群的人被迫共享權力[2]。這起滅絕事件反映出「**種族分裂**」在非洲持續**的強大影響力**，而在往後的剛果和蘇丹也持續發生。

發動種族滅絕的盧安達政權，在 1994 年 7 月被圖西族的「盧安達愛國陣線」（Rwanda Patriotic Front）推翻。1996 年，愛國陣線繼續攻擊潛逃到剛果的胡圖族極端分子，而在 1997 年時，隨著勢力不斷增長，他們也推翻了剛果的蒙博托政府。

蒙博托政府垮臺也帶來了剛果內

▲吉加利（Kigali，盧安達首都）的盧安達大屠殺紀念碑。1994 年盧安達大屠殺的規模和目的都是造成種族滅絕，並顯示了種族政治的潛在殘暴後果。

民主終將勝利？

1996 年薩謬爾・杭亭頓（Samuel Huntington）的著作《文明衝突與世界秩序的重建》（*The Clash of Civilizations and the Remaking of World Order*）出版，他反駁美國作家福山的理論，預測未來將不是西方價值的勝利，而是「挑戰者文明」的興起，特別是中國和伊斯蘭。

他認為，這將會使西方的某些層面相對衰落。既定的概念認為國家在全球社群中會接受共同的國際法和理念，但杭亭頓宣稱，這樣的概念不再適用。這個說法使西方自由主義所支持建立的國家處境為難，但 1990 年代的美國總統比爾・柯林頓（Bill Clinton）和 1997 年到 2007 年間的英國首相東尼・布萊爾（Tony Blair）也都認同此觀點。

戰（1997–2003）、鄰國勢力介入（盧安達、安哥拉、查德、納米比亞、烏干達和辛巴威），以及社會的崩潰。大約有 540 萬人死於這段期間，主要是因為疾病和饑荒。令人傷心的是，這段近代歷史有許多人並不知道，或是不了解其嚴重的程度。

有些非洲國家擁有穩定的民主政權，例如波札那、納米比亞、尚比亞、坦尚尼亞、肯亞和塞內加爾；然而，也有許多獨裁國家，例如喀麥隆和埃及；更有許多同時面臨內戰和獨裁的國家，例如中非共和國、查德、獅子山共和國、賴比瑞亞和蘇丹。然而，**冷戰的結束也意味著國際強權的介入變得相當有限。**

美國優越主義
武力、經濟實力吸引全世界

在這個時期的好萊塢大片中，外星人總是無法避免的攻擊美國，例如《ID4 星際終結者》（*Independence Day*）。這個現象反映了美國觀眾的重要性，以及**人們也認為，只有美國值得受到如此關注，又有能力克服如此**

▲ 1990 年伊拉克入侵時的科威特坦克。

危機。這樣的觀點不只出現在美國，也以外顯或隱晦的形式出現在世界各地。**美國的形象使其成為世界移民的熱點**。在 1991 年到 2004 年間，將近 1,400 萬合法移民抵達美國，且大約還有 1,000 萬的非法居民。美國同時也是受盡忌妒與憎恨的對象，例如 2001 年 9 月，美國紐約和華盛頓遭受的恐怖攻擊——由奧薩瑪・賓拉登（Osama bin Laden）所領導的蓋達組織（Al-Qaeda）。

波斯灣戰爭，美軍肌肉展現

1980–1988 年間兩伊戰爭帶來的沉重財政負擔，以及本身的好戰性，讓機會主義者海珊在 1990 年，征服了富含石油但軍事脆弱的科威特。他選擇忽略由美國主導的國際外交施壓，不願撤軍。1991 年，美國領導的聯軍快速的打敗伊拉克部隊，使伊拉克承受嚴重損失，科威特也獲得解放。

這場戰爭顯示了美國軍事武器的

精良，以及美軍的專業技術。然而，海珊依然把持著伊拉克的大權，鎮壓了反叛行動。**伊拉克相對的脆弱使相鄰的伊朗更強大，野心也隨之壯大。**這些因素都大幅影響了中東地區情勢的不穩定，在 2000 年代造成更多衝突。

柯林頓政權，財政穩定成長

民主黨的柯林頓在 1993 年到 2001 年間擔任美國總統。他是魯莽而勇敢的民粹主義者，受益於美國的經濟成長。和詹森總統、卡特總統與艾爾·高爾（Al Gore）一樣，柯林頓也是南方的民主黨政治人物，而他們的政治空間因為尼克森時期共和黨在南部的發展而遭到壓縮。

堅固的財政和經濟基礎使美國得以穩定成長，且沒有通貨膨脹的壓力。然而同時也累積了許多即將在未來爆

▲ 1993 年到 2001 年擔任美國總統的柯林頓，是從卡特（1977 年當選）到歐巴馬（Barack Obama，2008 年當選）之間唯一的民主黨總統。

發的問題，像是過度寬鬆的房貸所導致的資產泡沫化，以及柯林頓在 1994 年時，由於面對政治體系的強烈保守主義，而無法推動全民的健康保險。然而，即便私生活面醜聞纏身[3]，他還是贏得了 1996 年的大選。

多元的種族問題

美國和巴西一樣，黑人在窮困階級中的占比較高。1983 年，美國生活在貧窮線[4]以下的黑人人口占總黑人人口的 35.7%，在 2000 年則是 22.5%（相較之下，非拉美裔的白人則只有 8%）；而在 20 世紀末，黑人母親生下體重不足的嬰兒的比例是白人母親的兩倍，嬰兒在一歲前夭折的機率也是兩倍；監獄中的黑人人數也是不成比例的高。

由於拉丁美洲和亞洲移民，美國的人口出現顯著改變。1960 年時，白人在 1 億 7,900 萬的總人口中，占了 1 億 5,900 萬；但到 2000 年，在 2 億 8,100 萬人口中，白人只占了 2 億 1,100 萬。**拉美裔的移民不只受到美國機會的吸引，也因為拉丁美洲的法律失序、腐敗和極度有限的社會流動性**，而選擇離開自己的國家。

新保守主義，塑造美國地位

除了自由干預主義之外，稱為「新保守主義」（neoconservatism）的思潮也隨之發展，而美國正是其先驅。新保守主義一部分的目的是復興雷根政權的中心元素，另一方面則是針對柯林頓政權的反動。「新美國世紀計畫」（Project for the New American Century）發起於 1997 年，強調必須**「塑造美國的領導地位」**，並維護及擴大「有利於美國社會、繁榮和原則的國際秩序」；這項計畫也持續在小布希（George W. Bush）總統的政策中。

---

[3] 編按：此處應指「白水事件」，柯林頓夫婦被指控詐欺。另一項與白宮實習生有關的性醜聞則發生於 1998 年。

[4] 編按：為滿足生活標準所需的最低收入水平。

▲烏戈‧查維茲，委內瑞拉民粹主義獨裁者，他破壞了國家經濟，使大量人口逃亡國外。

美國的反對者
民粹主義的軍閥、反全球化的法國

蘇聯解體後，繼承的俄羅斯經濟脆弱，無力挑戰美國霸權。除此之外，許多國家都以美國為標竿，例如在土耳其推行現代化的圖爾古特‧厄扎爾（Turgat Özal）。厄扎爾在 1983 年到 1989 年擔任土耳其總理，在 1989 年到 1993 年則擔任總統。

然而，**在世界大多數地區，主要衝突都還是因為種族、身分認同的問題，這讓美國的領導窒礙難行。更甚者，最具影響力的國際主義是宗教，特別是伊斯蘭教和基督教。**

許多國家仍對全球化抱有敵意，他們反對現代主義及現代化，因為其中牽扯了龐大的利益。這些敵意通常會聚焦於金融和經濟方面的全球化維

繫者——美國和跨國企業。

反對美國者中，有比較傳統的左翼政治人物，例如支持古巴的烏戈·查維茲（Hugo Chávez）。他是民粹主義的軍閥，於 1999 年在委內瑞拉奪權。查維茲憎恨資本主義，並宣稱在他上位之前，委內瑞拉受到了「新自由主義」的削弱，而這都是美國的錯。

然而也有傳統的民族主義反美者。例如 1994 年的法國，在右翼政府的領導下通過了《杜朋法案》（Loi Toubon），強制在教育系統及合約中都必須使用法文。這個做法是為了對抗所謂的「盎格魯薩克遜全球化文化」。不論左翼還是右翼國家，都存在民族主義的反美者，這也反映了**全球化和世界主義**（cosmopolitanism）**其實是缺乏民意基礎的。**

■ 亞洲
廉價勞力發展經濟，
西亞種族衝突不斷

世界上大部分的人口住在亞洲，隨著亞洲經濟的發展，儘管每個地區的速度不同，卻也帶來了相當的潛力。中國尤其如此，雖然當地的人均表現並沒有總體成長的數據那麼驚人。

印度也是相同的情況，但由於其政策實行不如中國，故產生的社會資

世界人口變化

各地區人口的百分比（%）：

	亞洲	美國與加拿大	歐洲
1950	55	6.7	23.2
1980	58.9	5.7	16.5
1996	59.7	5.1	13.9

---

[6] 編按：亞洲金融風暴，由於泰國放棄固定匯率制而爆發。

本也不及中國。然而，不良的健康和教育持續影響著上百萬印度人民，**識字率低落的問題尤其嚴重，原因則是充滿歧視的種姓制度。**

亞洲經濟的潛力受益於大部分第一世界國家的自由市場政策，特別是美國；**美國利用了亞洲廉價的勞力和經濟彈性，來維持其國內的生活水準。**

除此之外，地區的成長也並非沒有弱點，1997 年泰國所出現的新興市場危機[6] 就是個例子，並且迅速擴散，受創特別嚴重的國家也包含了印尼。**環太平洋國家在協同的經濟活動中，成為彼此的消費者和生產者**，但北韓卻因為其孤立主義的政策而置身事外，而寮國與柬埔寨的發展也比不上越南。

結合自由經濟與社會控制的中國

中國經濟發展一直籠罩在美國強權的陰影下，並且**受益於美國經濟成長所帶來的出口市場。**共產黨雖然持續掌控社會，但經濟自由化的腳步也沒有慢下來；豐富且多元的資源以及其人口數量，對中國的發展都相當重要。除此之外，**中國也結合了企業創業與社會控制，這是當時蘇聯無法企及的**，並且使得國內的居住成本維持低落，讓勞力價格不致提高。

在 1990 年代，中國的國民生產毛額成長了超過 7 倍，增加了人民的收入，也讓大量的中國人脫離貧窮。然而，就像曾經的蘇聯，中國政府統計數據的可信度不免令人懷疑。

隨著市場改革，或至少部分的市場改革推動，**中國在 2000 年成了僅次於美國，第二大的國際投資接受者。**美國同時也是重要的科技來源，企業將製造過程移至海外時，也會連帶轉移生產技術。美、中兩國經濟連結越來越重要、複雜且不乏有政治因素參與其中。

為了支持其製造業，中國對於資源的需求，也提升了其在全世界的重要性。與現在不同，當時中國的立場並未與美國對立。中國在 1997 年和 1999 年，分別透過和平手段從統治者英國與葡萄牙的手中取回香港與澳門。中國也未參與遠方的戰爭或與新興的鄰國發生衝突；或許正因如此，他們成為世界強權的潛能受到低估；1990 年代，中國也尚未強力發展海軍。

財政、人口,使日本社會負擔加重

與快速成長的中國相比,日本的成長則出現衰落。雖然日本薪資水平提高,但**經濟上結構僵化、嚴重的**財政管理不善都成了問題;政府的介入也未帶來改善,**人口減少也使得要支持高齡化社會的負擔更加沉重。**到了 1990 年代晚期,當人們談論亞洲時不再以日本為焦點;然而,地緣政治學家喬治・弗列德曼(George

▲香港在 1997 年回歸中國,仍保持其重要金融中心的地位。然而,香港的自由傳統也對中國當局造成了問題。

Friedman）在 1991 年的《與日本的戰爭即將來臨》（*The Coming War with Japan*）一書中，探討的卻是美國與日本終須一戰。實際上，二戰後日本在國際關係上一向謹慎，並且依賴美國協助防禦中國與蘇聯。日本已不再是國際主要的軍事力量。

亞洲主要衝突，塔利班組織

　　1990 年代除了許多舊有的地區衝突持續外，也出現了新的國際爭端。

▲ 1990 年代，塔利班戰士控制了大部分的阿富汗。他們從軍閥手中奪取權力，但由於其提供蓋達組織的庇護，讓美國從 2001 年展開毀滅性的介入。

蘇聯從阿富汗撤軍後，留下穆罕默德‧納吉布拉（Mohammad Najibullah）掌權。然而，蘇聯瓦解意味著政府不再有錢支付軍隊，於是在 1992 年，納吉布拉隨著穆斯林聖戰者進入喀布爾而被推翻。

此時某些區域性的衝突也快速升溫，特別是在北方的非普什圖人和南方的普什圖人之間；後者更傾向採取**激進的伊斯蘭政策，特別是受到巴基斯坦支持的塔利班組織**。塔利班在 1996 年占據了大部分的阿富汗，以普什圖民族主義運動自居，宣稱將帶來伊斯蘭的正義，並且受益於軍閥分裂所造成的情勢。

阿富汗因為內戰及管理不善而飽受摧殘。到了 1996 年底，超過 20% 的人口，也就是 350 萬以上的阿富汗人，都流亡至巴基斯坦；而超過一半以上的人口處於失業狀態。首都喀布

爾的水源和電力供給都已崩潰，通貨膨脹超過 400%；塔利班沒有能力管理經濟，在社會上也同樣保守，其中的例子包含禁止女性工作。

1996 年，「毛澤東主義人民解放軍」的概念在尼泊爾出現（People's Liberation Army of Nepal），並發起了「Janayuddha」（人民戰爭）；這場起義包含了許多婦女和兒童，但人數卻比不上軍隊和警察。然而，在山地和森林地形的輔助下，又加上中國從西藏邊界的支持與他們本身的殘暴，人民解放軍得以持續活動；他們得到社會底層群體，以及其他受排擠者的支持。中國介入的部分原因是為了削弱印度，而這也被視為亞洲冷戰的一個面向。

■ 歐洲
西歐整合經濟，東歐建立民主體系

1990 年代的歐洲出現了兩種不同的發展路線。在西歐，為了回應 1992 年充滿野心的《馬斯垂克條約》（*Maastricht Treaty*），**歐洲經濟共同體大部分成員都選擇採用新的貨幣「歐元」，作為聯邦合作的象徵，並且幫**

▲歐元。這種新興貨幣受到歐盟大多數國家（但並非全部）所採用，更凸顯了財政趨同的壓力。

助經濟整合。歐洲共同體也在 1993 年成為歐盟。

歐元在 1999 年正式推出；然而，事實證明要**面對不同國家的經濟差異相當困難**。特別是對希臘、義大利、葡萄牙和西班牙等南歐國家來說，要符合由北歐國家，特別是德國，主導的經濟體系所制訂的條件和要求，其實相當不容易。

相對的，東歐面對的則是共產體系瓦解，以及嘗試建立資本主義和民主體系。這對東德來說相對輕鬆；東德在 1990 年回歸西德，後者則必須承擔新國家的財政負擔，其中包含了大規模資金轉移到投資東德的社會資本。

其他地區情況則更加艱難，貪腐成了最主要的問題；在蘇聯，這個狀況尤其嚴重，不過整個東歐都難以倖免，特別是保加利亞和羅馬尼亞。新的菁英階級也因此誕生。

除此之外，共產黨時代的經濟一旦暴露於全球競爭中，更是慘得體無

▲私有化而出現的「產權憑證」（voucher），反映了 1990 年代俄羅斯政治經濟的重大改變。

---

[7] 編按：又稱盧布危機。

完膚。許多製造業都破產，失業率節節高升；雪上加霜的則是社會福利制度的瓦解，使得貧窮率和社會兩極性都隨之提高。

蘇聯曾經是世界主要經濟體，但繼承蘇聯的國家卻如一盤散沙，欲振乏力。具體來說，**他們難以建立有效的貨幣及財政機制**；而轉向西方經濟和財金政策的概念，則對俄國的整體信心造成了打擊。最後俄羅斯為了避免在 1990 年代徹底崩潰，選擇向西方借貸；然而，俄羅斯的貸款償還在 1998 年造成了嚴重的危機[7]，進而導致違約和貨幣貶值。貪腐的情況更是嚴重肆虐。

在前共產黨的世界，經濟混亂大幅影響了政治穩定性，而光是要建立並穩定新的政治和司法體系就已經困難重重，使他們焦慮的找尋西方投資及資源。當時出現了相當大量的移民，特別是從東德到西德——然而此問題在東歐國家進入歐盟後更為嚴重。

除此之外，人民在生活支出和許多事物上都出現突如其來的變化。DIY 變得很受歡迎，房屋也被重新粉刷成明亮的顏色，而個人對外表的追求也不再只著重於功能性；東德人熟悉的衛星牌汽車，也變成了西德製造的車輛。

■社會趨勢
貧富差距擴大，傳統結構也在改變

與經濟發展緊密連結，1990 年代世界各地收入不平等的問題顯著提升。社會的對比在飲食與預期壽命層面都十分明顯，而貧窮者所能接觸、利用的社會福利機構性網路欠缺，因而使情況惡化——缺乏銀行設施、缺乏資金的學校、不足的健康照護、較少的工作機會、社會孤立和歧視。

和有錢人相比，窮人進入大學的機會比較少，更別提優良的大學；而這個在時代，教育程度對工作與收入的重要性不斷提高。因此，**企業或政府階層提供的向上流動性下降了**。然而，在世界大多數地區，投身軍隊仍提供了一條晉身之路；拉丁美洲與非洲尤其如此，在印尼和巴基斯坦，軍事實力也是關鍵的經濟與政治影響力。

然而，收入不平等並不只是薪資的問題，也牽涉到資本、儲蓄、股息、

▲ 1990 年代經濟民族主義，由第三方總統候選人羅斯‧佩羅推動，但並未有所成果。

利率和租金，房屋購買以及房地產的價格，都是造成「社會分化」（social differentiation）的重要因子，會反映並推動著社會的階級差距。**社會分化也預示了將來的民粹壓力**，無論是反對全球化對經濟發展造成的影響、北美與歐洲大規模去工業化的結果，或是對移民的敵意等。

1992 年到 1996 年間，美國商業家羅斯‧佩羅（Ross Perot）獨立競選總統未果，並宣稱美國 1994 年的《北美自由貿易協定》造成「巨大的吸吮聲」[8]，使工作都轉移到墨西哥。雖然這種論調在 2010 年代會變得主流，但 1990 年代美國和世界各地的經濟成長，降低了這類說法的影響力。然而，當時的藝術創作也時常反映金錢的醜陋，例如 1993 年的美國電影《桃色交易》（*Indecent Proposal*），就描繪了想用 100 萬元進行性交易的拉斯維加斯花花公子，只不過對象是快樂的新婚少婦──而她忠誠的丈夫想要這筆鉅款。

---

[8] 編按：Giant sucking sound，指自由貿易協定生效，美國就業機會向南轉移到墨西哥的聲音。

家庭結構改變，離婚率提升

在現代社會中，**同居與離婚變得越來越常見**，婚前同居也造成更多婚姻外的孩童誕生；不過在伊斯蘭世界中則非如此。從 1960 年代開始，離婚也變得越來越平常；因此，**不與父母雙方共同居住的孩童比例也提高了**。離婚取代女性難產死亡，成為第二或第三段婚姻的主要原因。

受到離婚率的影響，在北美和歐洲由所謂「核心家庭」（雙親與小孩），組成的家庭比例降低。這樣基礎上的變化，不只反映了人們對「正常行為」的定義改變，也顯示了**傳統觀點已經不符合當代現實**。

離婚率的升高挑戰了傳統價值觀，特別是男性對於家庭結構的看法，並且出現越來越多女性主導的家庭。這使得女性在社會議題的爭論中，扮演更重要的角色，並且成為文學與影視作品的內容。例如暢銷巨作《阿甘正傳》（*Forrest Gump*）就以正面的角度描繪阿甘的母親。這些女性不再只被視為其丈夫的附屬品。

然而，東亞和南亞的女性則遭受相當不同的對待，並出現了男嬰和女嬰比例上規模不斷擴大的失衡；其原因是選擇性的墮胎和殺嬰（主要發生在印度和巴基斯坦），以及拋棄新生的女嬰提供亞洲以外的地區收養，例如美國領養人中國女嬰。在中國，貧窮的鄉下女孩也會受到綁架為童養媳，或是從鄰近更貧困的寮國綁架女性。

宗教趨勢

人們對於離婚的態度改變，反映在更普遍對於成規習俗的反彈壓力，其中也涉及宗教的約束。宗教本身也是 20 世紀歷史中受到忽視的面向。實際上，世界人口的增加使 20 世紀中信仰宗教的人口達到前所未有的數量，而不信仰的人口也是。

在 20 世紀，沒有大型的重要宗教或教派出現。山達基（Scientology）是較引人注目的新教派，但信仰人數相對較少。然而，隨著宗教努力爭取信徒和維繫權力時，宗教之間和內部也會出現衝突。基督信仰在歐洲人生活中的重要性降低，但是在美洲、撒哈拉沙漠以南和太平洋地區依然重要。

▶山達基教會。許多新興宗教的發展，代表人們越來越願意離開既有宗教向外追尋。

雖然伊斯蘭信仰發生血腥的分裂，不過影響力依舊龐大。然而，中國政府成功壓抑了大部分的宗教活動。

除了宗教之外，人們也試著以其他方式尋找意義。美國歌手瑪莉‧翠萍‧卡本特（Mary Chapin Carpenter）就在專輯《Come On Come On》的歌曲〈感到幸運〉（I Feel Lucky）中提到，從報紙上找到「每日的運勢處方」——也就是占星術。

素食主義——多元的生活型態

性別形象及角色的發展，也助長了不同生活型態的選擇，其涉及的領域包含服裝、髮型和食物。素食在西

方越來越普遍，特別是在女性之間，而隨之而來的則是純素主義[9]。在其他消費產品中也出現相關的變化，例如芳療的興起就和盥洗用品有關，而低咖啡因的熱飲也變得更受歡迎，茶類、咖啡、非酒精類飲品和瓶裝水也愈加普及。

隨著年輕和女性消費者的比例提高，酒精飲品的人氣也跟著改變。威士忌、白蘭地、波特酒和雪莉酒的銷量降低，琴酒與伏特加則提高；紅酒和司陶特啤酒（烈性啤酒）的銷量降低，而白酒和酵母味較淡的拉格啤酒

則相對提高。

寵物產業蓬勃發展

在這個人類所支配的世界，寵物是另一大群體。20 世紀的前半葉，寵物基本上屬於尚未都市化的世界，存在的目的也偏向功利主義：狗能幫忙打獵，而貓協助對抗老鼠和田鼠，確保存糧安全。

若從這個角度來看，隨著世界人口逐漸都市化，寵物的重要性便會降低；不過，寵物產業卻在富裕地區蓬

智慧設計論

在美國，政治與宗教密不可分。創世論（《聖經》對造物的論點）一直是辯論的議題，而最高法院在 1987 年的判決——州立學校的自然課程教導創世論違反憲法——侵犯了教會與國家的界線。

這個判決促成了「智慧設計論」（intelligent design）的發展，其主張就是「生命的起源乃是由智慧的存在所塑造」。這其實是創世論的另一種形式，但沒有提到上帝的存在，因此比較有可能通過法律的挑戰。這場拉鋸持續了一段時間，歷經了公開辯論、民意壓力和司法判決。舉例來說，堪薩斯教育董事會在 1999 年決議創世論必須和演化論一起教學，不過這項指導原則也在 2001 年被廢除。

---

[9] 編按：Veganism，除了肉類，奶、蛋、蜂蜜等製品也不吃。

勃發展，特別是美國。寵物由狗轉向貓的趨勢，反映了越來越高比例的美國人居住在比較小的房屋，並且越來越無法或不願意帶狗去散步。這有一部分的原因是**出現了其他的休閒娛樂選擇，例如健身房風潮**，另一部分則是生活壓力使休閒時間減少。而在女性成為具獨立性的消費者後，對寵物的選擇也造成了影響。

肥胖世代

在西方，甚至連許多寵物都面臨肥胖問題。雖然飢荒危機仍然存在於世界各地，但肥胖問題也越來越嚴重。**肥胖問題背後的原因多元，包含飲食**（特別是對於飽和脂肪、膽固醇攝取的增加）、**缺乏運動和貧窮**（都市中的窮人缺乏運動機會）。

肥胖與顯著增加的糖尿病、行動問題和關節異常都有關聯。汽車等消費產品為了因應平均體型的增加，也作出調整。芝加哥公車座椅的尺寸從 42.5 公分寬，在 1975 年調整成 43.1 公分，在 2005 年則調整成 44.5 公分，相似的情況也發生於其他國家。

死亡形式改變

雖然感染依舊是人類最主要的死因，但其他晚年才會出現的病症，也有後來居上的趨勢，例如心臟病和癌症。在 1999 年，心臟病等心血管疾病占美國死因的 30%，癌症則是 23%。這樣的模式在世界各地也越來越普遍。

大家庭崩解，退休社群興起

在世界各地，預期壽命增加都造成老年人口比例上升。然而，撫養比並未如預期般大幅提高，原因是隨著服務業發展和醫療進步，人們的職涯也跟著變長。在第三世界國家和一些富裕的國家中，大家族的型態依舊存在，並且為年長者提供照護。

在美國等其他國家，由於**人口移動性提高，使得大家庭架構逐漸崩解，因而造成退休社群興起**。而相互影響的因素，則是相同階層的人們習慣居住於相同的社區，在相同的商店購物，並在相同的餐廳用餐。

預期壽命提高也導致「支持性服務」[10] 的需求提升，進一步促使就業

市場擴張,並且人們對公家提供的社會福利需求提高。相對的,對於教育方面的支出則較無提高的意願。

到了 1990 年代中期,大約有 250 萬美國家庭居住於「門禁社區」(gated community)。起初,門禁社區是提供有錢人居住的私人街道和圍籬建築,主要出現在東岸及好萊塢。從 1960 年代晚期開始,這樣的居住方式日益普及,首先影響了退休社區,而後則是度假區和市郊地區;類似的發展也出現在南非等其他國家。**門禁社區也反映了美國槍枝持有率的提升**,而在買屋及租屋市場的廣告,也時常主打安全性問題。

仍然存在的蓄奴制

在我國的 4,000 個磚窯中,有將近 100 萬名遭到桎梏的勞動者……身

▲位於洛杉磯的門禁社區,表達了人民對治安的疑慮。

---

10 編按:如長照、托育等服務。

體及性方面的虐待屢見不鮮，而這些受害對象通常是孩童。

——巴基斯坦人權協會，2006

在這個時期奴隸制度依然存在，性交易和廉價勞動力的人口販運也屢見不鮮。根據估計，目前全世界大約有 2 到 3 千萬奴隸（不過對於奴隸的定義也是個問題）。**種族主義持續成為奴隸問題的因素**，例如西非的茅利塔尼亞和蘇丹，黑人普遍受到膚色較淺的穆斯林奴役；在茅利塔尼亞，雖

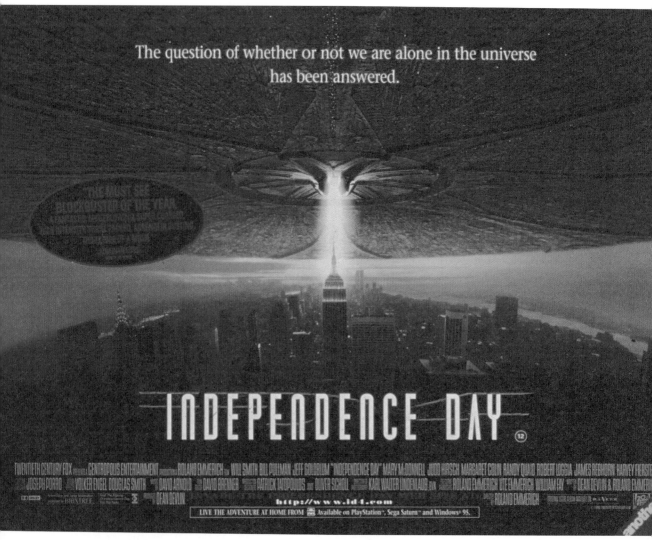

▲《ID4 星際終結者》海報。冷戰終結後，美國電影業需要新的敵人，於是人類大戰外星人的故事便誕生了。

▲巴黎迪士尼——反映了美式文化在全世界普及的現象。

然法國的殖民統治者廢除奴隸制度，且獨立後的憲法在 1960 年、1980 年和 2008 年也有相關規定，但蓄奴的狀況仍然持續。

好萊塢，重要的美國標誌

在《ID4 星際終結者》中，一開始人們聚集在一起歡迎外星人，直到強大的外星人摧毀了一切，他們才明白真相。領導全球電影產業的中心仍然在好萊塢，而來自印度的挑戰者，也就是位於孟買的寶萊塢則發現自己難以打入外國市場，中國發展中的電影產業也面對同樣的問題。

好萊塢的全球市場占有率非常龐大。事實上，**對美國的軟實力而言，電影工業也是相當重要的一部分。**不過在這類全球性的產業中，隨著資金流動，重要的美國標誌也可能被外國

公司買下。例如在 1985 年，澳洲的魯柏・梅鐸（Rupert Murdoch）買下了「20 世紀福斯」公司（20th Century Fox）；1990 年，日本的電子企業集團索尼與松下電器，則分別接手哥倫比亞影業（Columbia Pictures）和環球電影母公司 MCA。

隨著錄影帶和 1997 年 DVD 的出現，電影被輕鬆帶進小螢幕，而好萊塢的影響力也跟著提高。廣受歡迎的迪士尼樂園也帶來了不同形式的影響，第一間迪士尼主題樂園於 1955 年在美國的安那翰（Anaheim）誕生，接下來則是奧蘭多（1971）、東京（1983）、巴黎（1992）和香港（2005）。

除了會對媒體密切監控的威權國家，其他地方的影視作品則五花八門。喜劇的主題通常是無害的日常秩序因為誤解而失控；除此之外，也不乏出現挑戰主流社會體系的作品，例如女性主義色彩濃厚的《末路狂花》（*Thelma & Louise*）；還有大家都喜愛的動作電影，像是大獲好評的《不可能的任務》（*Mission: Impossible*）和其續集。電腦動畫也改變了電影製作，尤其是卡通片，美國皮克斯（Pixar）就是其中

的核心。

氣候變遷加速，環保成為議題

20 世紀末，氣候變遷的速度不斷加快，而北極冰融化的速度也急遽增加。1980 年，夏季浮冰最少時能覆蓋 790 萬平方公里；然而到 2000 年，就只剩下 640 萬平方公里，而且冰層也變得比較薄。全球氣溫變化在極地特別明顯；雖然在 1900–1930 年間，平均氣溫比 1850–1900 年間低，但差距不到攝氏 0.25 度，而 1940–1980 年間的平均氣溫則升高將近攝氏 0.25 度，其後便不斷上升。

燃燒化石燃料是氣候變遷的關鍵因素。在 1900 年，化石燃料產生了 2 億公噸的二氧化碳，1950 年則是大約 50 億公噸，到了 2000 年則提升到 240 億公噸。二氧化碳濃度的百萬分率，從 1950 年的 320 提升到 1995 年的 360。二氧化碳的排放量也有顯著的地區差異；由於實施汙染控制和去工業化，歐洲的二氧化碳排放量在 1990 年代下降，非洲則維持中度排放量，但美國和中國的排放量都在 20 世紀大幅

提升（中國晚於美國）。

對於全球暖化的憂慮，使世界各國在 1992 年，於里約熱內盧召開地球高峰會，通過了《聯合國氣候變遷綱要公約》。接著在 1997 年則通過《京都議定書》，其中主要工業國家都同意在 2008–2012 年間，降低造成全球暖化的溫室氣體排放量，必須至少比 1990 年的排放量再減少 5%。

然而，**對於減量的分配卻出現爭議**。在主要汙染國家中，也包含了新興工業化的國家，例如中國和印度。這些國家化石燃料的消耗量雖然更勝以往，卻覺得自己**負擔的責任，應該要低於歐洲和北美等已經工業化的國家**。不過隨著北極浮冰融化，從加拿大向北通往俄羅斯的航線也將要實現。

氣候變遷在沙漠化地區也格外顯著，例如薩赫爾地帶與撒哈拉沙漠間、中國戈壁沙漠南側，以及哈薩克與烏

▲位於湄公河流域的國家，都受到了汙染、土壤鹽鹼化和水資源爭奪的影響。

茲別克的鹹海周邊。鹹海的面積快速縮減，且遭受嚴重汙染，1991 年時面積僅剩原始的 10%。氣候區的移動也成了環境危機的面向之一，並造成重大的社會紛爭和暴力，其中的例子就是奈及利亞和蘇丹北方放牧與農耕者之間的衝突。

水源供給的壓力，也在世界各地

造成嚴重的問題，例如科羅拉多河、幼發拉底河、湄公河、尼羅河和底格里斯河地區，過度抽取河水都造成了許多紛爭。除此之外，用水量的增加也造成自然含水層枯竭，並且使鹽分上升至地表，大幅影響土壤的品質，加州就是顯著的例子。

聯合國環境署在 1999 年的《全球

▲中國燃煤發電廠的大幅擴展，對現今環境規範提出了挑戰。這顯示了貿易流向已逐漸以中國為中心。

進步的強風留下了廢墟

義大利小說家安德烈亞・卡米萊里（Andrea Camilleri），在作品《水的形狀》（*La forma dell'acqua*）中，以灰暗的筆調描繪了工業發展將帶來的危機：「大型化工廠的廢墟揭幕⋯⋯進步的強風似乎生生不息，留下的卻是補償福利和失業的混亂廢墟。」

環境展望報告》中就探討到，亞洲有可能在接下來世紀的前半葉發生「水資源戰爭」；缺水也可能加速大規模的人口遷移。不同的環境危機之間也會互相影響，像是稻米的生產區：湄公河三角洲是越南生產和出口的中心，但上游建設的水壩與含鹽的水流入三角洲交互影響，再加上全球暖化，對產量都造成了損害。水資源的危機有一部分由供給方提出解決辦法，主要是水壩建設和相關的調水計畫。

洛杉磯是建造在沙漠中的城市，1900 年的人口是 10 萬人，2000 年則是 370 萬人。洛杉磯象徵著人類可以在任何選定的地點生存，並且因此調動資源。水資源在當地的政治文化中扮演重要的角色，水源供給的控制也造成許多嚴峻的衝突；這也反映在藝術領域中，其中最震撼的作品是羅曼・波蘭斯基（Roman Polanski）1974 年的電影《唐人街》（*Chinatown*），其描繪了犯罪行為在洛杉磯供水系統發展過程中，所扮演的角色。

1990–1999 年 世界經濟
利益分配不均， 勞力也出現失衡

1990 年代成功的風險管理，凸顯了美國在國際金融系統中所扮演的中心角色，特別是在 1994 年墨西哥金融危機、1997 年間亞洲金融危機和 1998 年俄羅斯債務不清償的處理。

這些危機都反映了**擴大投資所造成的大規模金融波動壓力**，以及**全球經濟流動性的大幅提升**；然而，這也顯示了 1944 年後世界的金融結構，比起戰間期更為穩固。這樣的韌性主要可以歸功於 1944 年後成立並維繫的金融機構、世界經濟的成長，以及美國在 1990 年代的領導。

經濟成長帶來的利益，在國家內部和國際之間都分配不均，且仍在擴散。發展帶來的新興需求領域，也在不斷促進產業成長，使得生產力長期提升。於此同時，勞力也出現失衡狀態，特別是歐洲和北美地區，從醫療產業到零售業皆是，對於服務人力的需求越來越高。

由於只要較小的比例人口投入，就足以生產食物和衣服等必需品，因此大部分人力就能投入其他任務，例如健康相關產業或休閒娛樂產業。除此之外，平均財富的提升，也意味著有更多金錢能花費在服務上。

製造業的分布也出現了改變。以早期日本和韓國的發展為基礎，更多**東亞國家成為製造業的關鍵地區**，像是中國沿海及越南。相對之下，工資成本較高的歐洲製造業下滑，只有機械工具和製藥產業等精密產業得以倖免。由於資源、技術和財富的累積，歐洲仍然是重要的經濟區。

在北美，傳統的製造業下滑，部分是因為關稅降低助長了進口，特別是來自中國。另一方面，美國也將製造工作外包，主要目的是追尋更低廉的勞工；這大幅助長了西方國家對於第三世界的投資，例如墨西哥及越南（家具製造大幅轉移到墨西哥）。

這種外包現象其實早已有跡可循：工作從美國北方的州轉移至南方，因為北方的勞動規範較嚴格，工會影響力較強，薪資也較高，南方則剛好相反。因此，汽車製造業在底特律附近衰退，卻在南方阿拉巴馬等州擴張。到了 2000 年，日本、南韓和德國的車款已經占據美國將近一半的市場。在歐洲，汽車製造業也發展於薪資較低的社會，例如斯洛伐克和西班牙。

◀與中國模式相同的廉
價和彈性勞動力，意味
著越南也成為世界經濟
重要的一部分，為西方
市場提供產品。

20 世紀的世界之都紐約市，雖然其地位在 21 世紀初期被上海挑戰，
但依然是大都會趨勢的帶動者。

結語

人類變化最大的100年

　　從現代的觀點來看，1990 年代大部分的事物都充滿熟悉感，卻也有許多顯著的差異。熟悉的部分包含了環境的焦慮與惡化；1960 年代人們所提出的警示，現在看起來格外有先見之明。然而，雖然各種憂慮挑戰越來越迫切，不過截至 2020 年的改變步調，一定會令 1990 年的評論家感到震驚，尤其是北極浮冰的消融速度。

在政治方面，1999 年和現代也有著明顯不同。**雖然 20 世紀顯然是美國的世紀**，從冷戰開始的實力累積，讓美國在 1990 年代成為世界的單一強權，但**這樣的地位卻受到中國崛起的挑戰**，又加上中俄聯盟及伊斯蘭世界衝突所帶來的威脅。候選人唐納・川普（Donald Trump）在 2016 年總統選戰提出的「讓美國再次偉大」（Make America Great Again）口號，雖然在某些方面充滿誤導性，卻也反映出許多美國人感受到的相對衰落——與 20 世紀下半葉的情勢相比，美國如今的狀況即便稱不上失敗，亦不遠矣。

這樣的感受在回顧美國輝煌歲月時，卻忽視了實際情形遠比我們想像

▲唐納・川普自 2017 年起擔任美國總統，為美國政治帶來民粹主義的挑戰。

的複雜許多。1950 年代，美國的偉大籠罩在對共產黨的恐懼中；1960 年代是種族衝突、社會分裂和越戰失敗；1970 年代是嚴峻的經濟考驗；1980 年代是雷根政權帶來的成長的趨緩和下滑；1990 年代則是政治的分裂，以及因為健保而惡化的社會問題。

不過，1990 年代美國在國際間的相對地位確實比現今更強大穩固；更甚者，雖然冷戰陰影圍繞在 1945 年到 1990 年間，但當時幾乎不曾有人質疑美國身為非共產世界領導者的地位，且當時中國的經濟實力也比美國弱上太多。在美國，人們認為冷戰以美國的勝利告終，而此觀點在 1991 年伊拉克戰爭後又再次得到驗證。

美國的影響力在文化圈也是主流；除了好萊塢之外，又加上了網路文字、視覺和口語層面。除此之外，美國的影響力也讓英文持續成為全球主要的語言，且其重要性不斷增加。

在回顧 20 世紀的歷史時，關鍵在於捕捉其中的相似和差異性，以及畫出清晰的趨勢發展線。然而，如果從 1914 年、1919 年、1930 年、1939 年、1945 年、1975 年或甚至是 1983 年出發，目標是看見未來發展，那就顯得不太合理了。

事實上，法國著名的數學家亨利・龐加萊（Henri Poincaré），在對未來時代的預測做出反應時，就曾經強調「非線性」的角色，也就是微小卻能帶來重大影響的事件或效應，並認為它們會帶來很大程度的影響。

龐加萊認為，預測的錯誤率會隨著時間推移快速提高，而這也意味著不可能準確判斷未來；若想精準預言將來的發展，這代表我們對過去的了解程度必須無限高。

人口增長對世界環境的影響可謂龍捲風一般，特別是消耗的能量大幅提升，但其成因絕不僅僅是蝴蝶振翅那麼簡單而已。人口成長的關鍵因素之一，是霍亂、黃熱病和鼠疫等疾病的影響降低，並且成功對抗肺結核與天花，而曾經致命的情況，例如腹瀉和瘧疾，如今大致上都不會危及性命。

這樣的過程會因為疾病的種類、地點和時間而有明顯差異，但原因都是對於疾病有更科學和深入的了解、成功開發治療藥物、公眾衛生的勝利（特別是水源供給）、最佳療法的傳

播，以及人類與宿主動物發展出某種程度的抗性，甚至是免疫力。

於此同時，我們也不該忘記世界各地的差異。在 20 世紀中，不同的國家之間，死亡率都有著極大的差異。這些差異反映的是社會情況，包含營養、住宅密度和基礎建設，特別是乾淨的水源和下水道系統。非洲的情況在 20 世紀最為惡劣，但印度無數窮人的處境也依然嚴苛。

不同的家庭計畫政策也會帶來影響。事實上，人口成長的幅度過大，讓中國的一胎化政策成為 20 世紀歷史的重大事件之一。一胎化政策始於 1979 年，終結了 1970 年開始的二胎政策；一胎化政策持續到 2015 年，雖然 1980 年代曾經有所調整，讓大量的父母可以在第一胎生女兒時，再生第二胎，以符合農民的價值觀和需求。

中國政府也分別提出了誘因、限制和罰則，其中包含了大規模的絕育。中國政府宣稱，一胎化政策預防了大

▲ 1929 年，國際聯盟瘧疾委員會的成員在多瑙河三角洲收集孑孓，這是公眾衛生國際化的實例。

▲中國試圖透過一胎化政策限制人口成長，減輕資源的壓力，卻導致年輕人口相對缺乏。

約 4 億人口的出生，但這個數字受到許多學者質疑——實際上可能更高。無論真相為何，中國生育率的顯著下降，都影響了人口結構、性別平衡（較多男嬰誕生）和整體人口數，並且使印度在人口成長方面取得超前。

隨著改變的速度加快，以及改變的本質擴張，毫不意外，「未來學家」的預測時常偏離現實。當探討未來學（futurology）時，最簡單的就是評論科技變化和其影響，因為這是讓同時代的人感到最為震驚的一件事，例如

飛機，以及其後的人類登陸月球。

然而，對某些人來說，人際關係的變化才更令人驚奇，例如男女關係或世代關係。對社會常規服從度的下降、個人選擇權和個人主義的提升，都和前一個時代明顯不同，而且這些差異並不僅局限於菁英階級。

然而，在選擇權和個人主義方面，不同社會間也有著相當大的差距。威權國家或威權統治依然存在，並且比人們預期的還要強韌。雖然希臘、葡萄牙和西班牙的威權政府在 1980 年代

垮臺，但智利和伊朗也出現了新的獨
裁統治。即便共產黨在 1989–1991 年
間，失去了對蘇聯集團的控制，不過
在中國卻依然大權在握。事實上，就
像本書所揭示的，20 世紀充滿了各種
不確定性，和各種發展的可能性。這
也就是 20 世紀之所以重要、迷人的原
因。20 世紀的豐富歷史成就了我們現
在的世紀，以及各種不同的身分認同
與意識形態。

◀ 1971 年 1 月 31 日阿波羅 14 號發射。這是第
三次登月的太空任務，也是人們首次於「月球
高地」登陸。

國家圖書館出版品預行編目（CIP）資料

人類最精華 100 年：戰爭、科技、搖滾樂，如何決定
了人類思想與行為，未來將朝哪發展，看 20 世紀史你
會理解。／傑洛米‧布萊克（Jeremy Black）著；謝慈譯 .
-- 初版 . -- 臺北市：大是文化有限公司，2022.06
368 面；19×26 公分 .--（TELL；39）
譯自：A History of the 20th Century: Conflict, Technology
& Rock'n'Roll
ISBN 978-626-7123-18-8（平裝）

1. CST：世界史　　2. CST：現代史

712.8　　　　　　　　　　　　　　　　111002976

TELL 039

人類最精華 100 年

戰爭、科技、搖滾樂，如何決定了人類思想與行為，未來將朝哪發展，看 20 世紀史你會理解。

作　　　者／傑洛米‧布萊克（Jeremy Black）
譯　　　者／謝　慈
責任編輯／張祐唐
校對編輯／李芊芊
美術編輯／林彥君
副總編輯／顏惠君
總　編　輯／吳依瑋
發　行　人／徐仲秋
會計助理／李秀娟
會　　　計／許鳳雪
版權經理／郝麗珍
行銷企劃／徐千晴
業務助理／李秀蕙
業務專員／馬絮盈、留婉茹
業務經理／林裕安
總　經　理／陳絜吾

出　版　者／大是文化有限公司
　　　　　　臺北市 100 衡陽路 7 號 8 樓
　　　　　　編輯部電話：（02）23757911
　　　　　　購書相關諮詢請洽：（02）23757911 分機 122
　　　　　　24 小時讀者服務傳真：（02）23756999
　　　　　　讀者服務 E-mail：haom@ms28.hinet.net
　　　　　　郵政劃撥帳號：19983366　戶名：大是文化有限公司

法律顧問／永然聯合法律事務所
香港發行／豐達出版發行有限公司 Rich Publishing & Distribution Ltd
　　　　　　地址：香港柴灣永泰道 70 號柴灣工業城第 2 期 1805 室
　　　　　　　　　Unit 1805, Ph. 2, Chai Wan Ind City, 70 Wing Tai Rd, Chai Wan, Hong Kong
　　　　　　電話：2172-6513
　　　　　　傳真：2172-4355
　　　　　　E-mail：cary@subseasy.com.hk

封面設計／林雯瑛　內頁排版／林雯瑛
印　　　刷／緯峰印刷股份有限公司

出版日期／2022 年 6 月
定　　　價／新臺幣 799 元（缺頁或裝訂錯誤的書，請寄回更換）
ＩＳＢＮ／978-626-7123-18-8
電子書ＩＳＢＮ／9786267123393（PDF）
　　　　　　　9786267123409（EPUB）